Suntne Animalia in planeta Marte?

Originaltext: Andreas Eschbach
Übersetzt von Ulrich Krauße

Für die engagierte Unterstützung dieses Buchprojektes danke ich folgenden Personen:
Annalena Hansch
Volker Rehmann

und ganz besonders Andreas Eschbach

Umschlagsgestaltung: Ulrich Krauße

Satz: Ulrich Krauße

Capitula

Sepulcrum

»Factum vitae triste nos docet progressionem sine victimis non esse.«
Vox ita dicens domino Jewgenij Turgenev fuit, uni ex viris, qui trans tholum mortuum sepeliverunt. Quattuor viri in vestitibus cosmicis corpus in velo albo involutum tam digne tulerunt quam gravitas infirma planetae Martis permisit. Duo alii iuxta sepulcrum in parvo coemeterio in margine crateris fossum exspectabant.
Ceteri maerentes – fere tota populatio coloniae Martialis, circa ducenti homines – intra tholum in illis herbis steterunt, quae ibi crescebant. Tholus constitit solum e folia tenuissima, multo tenuior quam capillus humanus: nihil amplius homines a cano-fusco deserto Martiali separabat et ab aere, cuius pressio aeria fere inmensurabilis erat. Ibi foris homines solum vestitum cosmicum gerentes vivere poterant. Et hic vestitus cosmicus officium deficiendum non erat, sicut apud virum miserum accidit, qui hodie sepelitur.

---

sepulcrum, -i n. = *Begräbnis;* **factum, –i n.** = *Tatsache;* **progressio, -onis f.** = *Fortschritt;* **victima, -ae f.** = *Opfer;* **tholus, -i m.** = *Kuppel*; **sepelire** = *beisetzen, beerdigen;* **vestitus cosmicus m.** = Raumanzug; **velum, -i n.** = Tuch; **albus, -a, -um** = weiss; **involvere** = *einwickeln;* **digne** *Adv.* = *würdig;* **tulerunt v. ferre** = *tragen;* **gravitas, gravitatis f.** = Schwerkraft; **infirmus, -a, -um** = schwach; = **planeta, -ae** m. = *Planet;* **Mars, Martis m.** = *Mars;* **iuxta** = *neben;* **parvus, -a,-um** = *klein;* **coemeterium, -i n.** = *Friedhof;* **margo, -inis m./f.** = *Rand;* ***crater, crateris m.*** = *Krater;* ***fossum*** = *PPP v. fodere (graben, ausheben);* **ceteri, -ae, -a** = *übrigen;* **maerentes** *v. maerere* = *trauern;* **colonia Martialis f.** = *Marskolonie;* **ducenti** = *zweihundert;* **herba, -ae f.** *Gras;* **crescere** = *wachsen*; **folia, -ae f.** = *Folie;* **tenuis, -e** = *dünn;* **canus-fuscus** = *grau-braun;* **desertum, -i n.** = *Wüste*; **aer, aeris m.** = *Atmosphäre;* **pressio aeria f.** = *Luftdruck*; **inmensurabilis, -e** = *unmeßbar;* **foris** = *draußen;* **deficiendum non erat** = *durfte nicht versagen;*

»Recordemur de viro, qui hoc sacrificium dedit et cuius nomen fuit Dimitri Vassilevitsch Gorki.«

Elina ad feminam flavam spectavit, quae ab aliis feminis sustentata prope tholum stetit et semper eum tangere conata est, quod aliae feminae prohibere volebant. Hoc melius fuit, nam propter tenuitatem folia eandem temperationem ut aer Martialis habuit – fuit ergo fridigissima. Qui eam foliam nudis manibus tetigit, in periculo fuit accipiendi combustiones e frigore.

Elina feminam flavam amicam Dimitrii fuisse scivit et ambos se hic in planeta Marte cognovisse.

Nunc Dimitri mortuus est. Oculi Elinae ambulabant per parvum coemeterium. Tempore procedente iam multi homines mortem obierunt, sed plerique e morbis mortui sunt. Sed calamitates etiam acciderunt – frequentius quam in planeta Terra – sicut olim aliquem dicentem audiverat. Planetam Terram Elina non cognovit.

Hic in planeta Marte nata est, et omnia, quae de planeta Terra cognoverat, eam putare iussit planetam Terram planetam mundum alienum esse. Fingere non potuit quomodo sit, si milliarda hominum circum eam vivere.

Quomodo sit, sine vestitu cosmico aliquid aedificium exire et foris circumambulare - vestitu cottidiano. Et pluvia: si aquam desuper in capite caderet. Hoc horribile esse putabat.

Homines in planeta Terra nati eam ita loquentem deridebant.

---

recordari = *gedenken; erinnern;* **sacrificium, -i** = *Opfer;* **flavus, -a, -um** = *blond;* **sustentare** = *stützen, aufrecht halten;* **conari** = *versuchen;* **tenuitas, -atis f.** = *Dünne, Feinheit;* **aer Martialis m.** = *Marsatmosphäre;* **nudus, -a, -um** = *nackt, bloß;* **manus, -us f.** = *Hand;* **tetigit** *von tangere = berühren;* **combustio e frigore f.** = *Kälte-Verbrennung = Erfrierung;* **cognoscere** = *kennenlernen*; **mortuus, -a, -um** = *tot;* **tempore procedente** = *mit der Zeit;* **mortem obire** = *sterben;* **calamitas, -atis f.** = *Unfall, Unglück;* **frequentius** = *öfter;* **nata est** = *sie ist geboren;* **putare** = *glauben;* **mundus, -i m.** = *Welt;* **alienus, -a, -um** = *fremd;* **fingere** = *sich vorstellen;* **milliarda** = *Milliarde;* **aedificium, -i n.** = *Gebäude;* **vestitus cottidianus m.** = *normale, (alltägliche) Kleidung*; **pluvia, ae f.** = *Regen;* **desuper** = *von oben:* **deridere** = *verspotten, belächeln;*

Et in planeta Terra plerique nati erant, qui nunc Martem incoluerunt. Proprie omnes praeter eos: frater tres annos maior Carolus, qui puer primus in planeta Marte natus in annalibus apparet et Ariana. Ipse Ronaldinus, quartus ex iis, qui liberi Martis dicuntur, non in planeta Marte, sed in planeta Terra natus est. Is infans cum parentibus in planetam Martem venerat, hic adoleverat et Terrae oblitus erat.
Sed ibi natus est – factum remanebat.

Contio pergebatur. Nunc de eruditione eius narrabatur: de studiis eius in oppidis Moscua, Vasingtonia et Mumbai.... Sed omnia Elinae praeteriit.
Certe Dimitrem cognoverat. Omnes in planeta Marte viventes cognovit. Nomen uniusquisque cognovit et locum, unde ille venit. Dimitri Gorki homo laetus fuit, qui interdum ad festa vespertina diebus soli Balalaikam cecinerat et voce pulchra cantaverat.
Elina vidit quattuor vispillones corpus in foveam demittere et pugnum fecit, quia etiam sibi lacrima per genam cucurrit.
Elinae patrem respiciendum fuit, qui ante multos annos ea infante magna in expeditione perierat. Haec expeditio una ex maximis expeditionibus fuit.

---

incolere = *bewohnen;* ***proprie*** = *eigentlich;* **praeter** = *außer;* **annales, annalium m.** = *Geschichtsbücher;* **apparere** = *erscheinen;* **infans, infantis m.** = *Säugling;* **liberi Martis m.** = *Marskinder;* **parentes m.**= *Eltern;* **adolescere** = *aufwachsen;* **oblitus erat** *v. oblivisci (m. Gen.)* = *vergessen;* **remanere** = *(zurück)bleiben;* **contio, -onis f.** = *Ansprache;* **eruditio, -onis f.** = *Ausbildung;* **Moscua, ae f.** = *Moskau;* **Vasingtonia, -ae f.** = *Washington;* **Mumbai, orum f.** = *Bombay;* **uniusquisque** = *jedes einzelnen;* **laetus, -a, -um** = *fröhlich;* **festum vespertinum m.** = *Abendfest;* **dies soli m.** = *Sonntag;* **cecinerat** *v. canere* = *spielen;* **vispillo, vispillonis mß.** = *Leichenträger;* **demittere** = *hinablassen;* **pugnus, -i m** = *Faust;* **lacrima, -ae f.** *Träne;* **gena, -ae f.** = *Wange;* **expeditio, -onis f.** = *Expedition;* **perire** = *umkommen;* **regio Cydonia** = *Cydonia-Region;* **tempestas arenae f.** = *Staubsturm;* **sine vestigiis** = *spurlos;*

Pater virique in regionem Cydoniam profecti erant, in tempestate arenae incurrerant et sine vestigiis evanuerant.
Dimitri autem non in expeditione periit, sed in labore apud stationes mensurae circum coloniam Martialem. Cum instrumento acri lapsus est et vestitum cosmicum tam vehementer dissecavit, ut omnia auxilia vana essent.
Materia vestituum cosmicorum proprie inlacerabilis putatur. Sed interdum tamen calamitas accidit.
Ante nonnullos annos, exempli gratia, Ronaldulus foramen in suum vestitum cosmicum vulserat, cum ii apud saxum incubonis strepitarent. Fortunate solum parvum foramen; Ronaldulus solum cum nonnullis combustionibus e frigore effugerat.
»Dimitri Vassilewitsch Gorki« proclamavit Turgenev denique, »iter longum fecisti a planeta Terra, cunis generis humani, ad planetam Martem, in primam coloniam permanentem extra planetam Terram. Fatum voluit te iter proximum - iter ultimum - abhinc facere.
Nos congregantes de te cogitamus; nostra optima vota te comitantur, qui indagator venisti, indagator a nobis abitus es«
Viri in vestitibus cosmicis foveam obruere coeperunt.

---

regio Cydonia = Cydonia Region; **tempestas arenae f.** = Sandsturm; **sine vestigiis** = *spurlos;* **statio, mensura f.** = *Mess-Station;* **lapsus est** *v. labi* = *ausrutschen, abrutschen;* **acer, acris, acre** = *scharf, spitz;* **dissecare** = *aufschneiden*; **vanus, -a, -um** = *vergeblich;* **inlacerabilis**, *-e* = *unzerreißbar, unzerstörbar;* **exempli gratia** = *zum Beispiel;* **foramen**, ***foraminis n.*** = *Loch;* **vulserat** *v. vellere* = *(zer)reißen;* **incubo, -onis m.** = *Kobold;* **strepitare** = *toben, lärmen;* **proclamare** = *ausrufen;* **iter, itineris n.** = *Reise;* **cunae, cunarum f.** = *Wiege;* **genus humanum n.** = *Menschheit;* ***fatum, -i n.*** = *Schicksal;* **sine reditu** = *ohne Wiederkehr;* **congregantes** = *Versammelten;* **votum, -i n.** = *Wunsch, Gebet;* **comitari** = *begleiten;* **indagator**, **-oris m.** = *Forscher*; **fovea, -ae f.** = *Grube;* **obruere** = *zuschütten;*

Praecepta Securitatis

Silicernium, ut omnes celebrationes, factum est in foro, aula cum tholo alto, ubi in medio aquae salientes sonabant. Contra festa dominicalia hodie animus depressus regnavit. Homines paulum cenaverunt, submissis vocibus locuti sunt, musica tristis locum complens e repositorio datorum sonavit.

Mater Elinae in cena sua circumscalpsit et in vacuum riguit. Carolus iuxta eam sedebat et vultum fecit quasi aliquod malum fecisset. »Quidnam est?« Elina submissim rogavit. »Cur rogas?« frater susurravit. »De patre recordatur.« »Eheu.« Elina nescivit quid dicat, ergo catinum cepit et iterum ad mensam dapiferam iit. Aliquantulum risottonis sumpsit, cum aliquis ei manum a tergo in caput posuit.

»Eheu, mi puella.« vox dominae suspiravit. »utinam pater tuus etiam hic iaceret.«

Fuit domina Dumelle, quae ante multos annos una cum marito, technico cosmico, ad planetam Martem venerat. Persona iucunda fuit: ampla, muliebris; ita Elina de avia sua cogitavit, quae iam diu mortua fuit. Si mater de avia sua narravit, Elina semper dominam Dumelle ante oculos habuit.

»Pater dixit, si id in vita facis quod tibi cordi sit, non tam magnum est, quando morieris an ubi.« Elina eo momento recordata est. Fortasse quia pater ei interdum manum in caput posuerat. »Putasne eum id fecisse quod ei cordi fuisse?« Domina Dumelle benigne subrisit et lacrimosis oculis dixit:

---

praecepta securitatis n. = *Sicherheitsmaßnahmen*; **silicernium, -i n.** = *Trauerfeier, Leichenschmaus*; **forum, -i n.** = *Plaza, Marktplatz*; **tholus, -i m.** = *Kuppel*; **aqua saliens f.** = *Springbrunnen*; **sonare** = *hier: pätschern*; **contra** = *gegenüber*; **festum dominicale n.** = *Sonntagsfest*; **animus, -i m.** = *Geist, Stimmung*; **submissus, -a, -um** = *leise*; **repositorium datorum n.** = *Datenspeicher*; **circumscalpere** = *herumstochern*; **in vacuum rigēre** = *ins Leere starren;* **susurrare** = *flüstern*; **recordari** = *sich erinnern, denken an*; **catinus, -i m** = *Teller*; **mensa dapifera f.** = *Büffet*; **aliquantulum** = *ein wenig*; **sumere** = *nehmen*; **a tergo** = *von hinten*; **suspirare** = *seufzen*; **maritus, -i m.** = *Ehemann*; **technicus cosmicus –i m.** = *Raumfahrttechniker*; **amplus, -a, -um** = *stattlich*; **muliebris, -e** = *hier: rundlich*; **avia, -ae f.** = *Großmutter*; **cordi esse** = *am Herzen liegen, wichtig sein*; **morieris** v. mori = *sterben*; **benigne** = *sanft*; **lacrimosus, -a, -**um = *tränenreich, tränenvoll;*

»Oh, certissime. Scilicet vos ei cordi fuistis, sed semper amoris plenus de hac planeta dixit.« ea angulum oculi fricuit. »Haec pater tuus dixit? Pulcherrimum. Verba persapientia. Vir sapiens fuit, pater tuus.«
»Ita«, Elina dixit.
Ea quoque planetam Martem amabat. Certe a patre heredita-verat. Foris per horas solum in lapide quemquam sedere potuit et auscultare, quid planeta antiqua ei susurraverit. Non omnia cognovit, quid planeta murmuravit, sed interdum imagines magni temporis praeteriti plenum proeliorum saevorum et ingentium palatiorum ei ante oculos apparuerunt.
E sententia eius hoc solum significare potuit homines aliquando in antiquis temporibus animalia in planeta Marte vixisse. Marsiani. Fortasse aliquando exstincti erant, fortasse autem planetam simpliciter reliquerant.
Pater saepe fabulas de Marsianis narraverat. Elina eas semper libenter audiverat, sed praeter eam patremque nemo credidit eos vixisse.
Si de Marsianis narrabat omnes solum subridebant, quasi parvula fabulas fictas narraret. Interdum aliquis ei explicare studebat planetam Martem numquam vitam propriam creavisse. Et? Elina doctrinas perpetuo eversas esse solebat. Quotiens indagatores circum doctorem Spencer hic in foro consederunt et vehementer disputaverunt, quia aliqua res aliter ac suspicata se praebuerat. Tum dicebant res maxime incredibiles in planeta Marte accidere et tamen semper valde inflammati erant.
Ergo ei necesse non est sententiam »Planetam Martem numquam vitam propriam creavisse« definitivam esse recipere.

---

scilicet Adv. = *selbstverständlich, sicherlich*; **angulus oculi** m. = *Augenwinkel*; **persapiens** = *sehr weise*; **quoque** = *auch*; **hereditare** = *erben*; **auscultare** = *hören, zuhören*; **susurrare** = *flüstern*; **e sententia eius** = *ihrer Meinung/Ansicht nach*; **proprius, -a, -um** = *eigene, eigenes*; **creare** = *hervorbringen;* **credere** = *glauben*; **parvulus, -i m** = *Kleinkind;* **fictus, -a, -um** = *ausgedacht; erfunden;* **indagator, -oris m.** = *Forscher*; **evertere** = *umstoßen, über den Haufen werfen*; **inflammatus esse** = *begeistert sein*; **definitivus, -a, -um** = *endgültig;* **recipere** = *annehmen, hinnehmen;*

Contrario. Elina persuasum habebat vestigia Marsianorum aliquando inventura esse, aut etiam Marsiani ipsi. Fortasse ea ipsa haec vestigia inveniret…
Cum ea ad mensam revenit Doctor Spencer surrexit et ad microphonum iit. Cum eis hominibus, qui concilium colonorum erant et magnas res constituerunt.
»De consecutionibus mortis Dimitri Gorki consultavimus,«
coepit inquite huc et illuc movens. »Ut vos omnes scitis, publicum in planeta Terra hodie potius contra astro-navigationem stat. Omnia mala, quae hic fiunt, reactiones incitant, quae e nostra sententia immodestae sunt, sed, doleo, decreta regiminis planetae Terra movent.« Screavit.
»Cognovimus eos post mortem Dimitri de emissione praetoris in planetam Martem cogitare.«
Elina nescivit, quid praetor sit, sed aperte nihil bonum, nam coloni hanc annotationem vehementi indignatione responderunt. Contumeliae vocatae sunt et aliquis clamavit: »Verisimile rimam in casside habent!« Haec verba amicam lugentem Dimitri lacrimas effundere iussit, nam cassis eius apud subductionem re vera rimam monstravit.
»Speramus…« Doctor Spencer coepit, sed ingentem strepitum superare non potuit. Manus vehementer movit. »Quaeso! Volumusne…?«
Tandem omnes consederunt et strepitus ad vehementem susurrum et pedibus radere deminuit.
»Hic strepitare nihil prodest, in planeta Terra id non auditur!« Doctor Spencer explicavit. »Adhuc nihil decretum est, sed ad omnes casus tempore futuro nihil fiat, quod nos in medium attentionis publici moveat.«

---

contrario Adv. = *im Gegenteil;* **persuasum habere** = *überzeugt sein;* **consecutio, -onis f.** = *Folge, Konsequenz;* **consultare** = beraten; publicum, -i n. = *Öffentlichkeit, Publikum;* **potius** = *eher;* **astronavigatio, -onis f.** = Raumfahrt; **screare** = sich räuspern; **immodestus, -a, -um** = übertrieben; **praetor, -oris m.** = *Statthalter;* **aperte** Adv. = *offensichtlich.* **annuntiatio, -onis f.** = *Ankündigung;* **indignatio, -onis f.** = *Entrüstung; Empörung;* **contumelia, -ae f.** = *Beleidigung, Beschimpfung;* **cassis, cassidis** f. = *der Helm;* **rima, -ae f.** = *Riß, Spalte;* **subductio, -onis f.** = *Bergung;* **strepitus, -us m.** = *Lärm;* **effundere** = *vergießen;* **quaeso** = *(ich) bitte;* **susurrus, -i m.** = *Gemurmel, Geflüster;* **pedibus radere** = *mit den Füßen scharren;* **decretum v. decernere** = *entscheiden;* **attentio, -onis f.** = Aufmerksamkeit

Itaque nonnulla consilia cepimus, quae nunc vobis pronuntiare velim.«
»Talis praetor hic dictatorem simulans et nos circumagitans nobis vero defuit.«, Carolus sororem in aurem susurravit.
Elina annuit. Frater recte dixerat. Ambo simul capita sustulerunt, cum doctor Spencer dixit: »… alium praeceptum ad liberos pertinet. Media nostros liberos Marsianos attentione praecipua observant. Ipse casus minimus – sicut tunc talis calamitas Ronaldini cum vestituto cosmico – sententiam praesidentis contra nos converteret.«

Omnes oculi in Ronaldinum adverterunt, qui statim flavum caput cirratum retraxit. »Itaque«, Doctor Spencer perrexit,
»liberi interim intra coloniam manebunt. Hoc et usum vestituum cosmicorum et moram in tepidaria excludit.«

---

simulare = ***darstellen, vortäuschen;*** **circumagitare** = ***herumkommandieren;*** **auris, is f.** = *Ohr;* **annuere** = *zustimmend nicken;* **sustulerunt von tollere** = *heben, hochheben;* **media n. pl.**= *die Medien;* **sicut tunc** = *wie damals;* **calamitas, -atis f.** = *Unfall;* **flavus, -a, -um** = *blond;* **cirratus, -a, -um** = *gelockt;* **usus, -us m.** = *der Gebrauch, die Benutzung;* **mora, -ae f.** = *Aufenthalt;* **tepidarium, -i n.** = *Gewächshaus;*

Inclusum

»Improbum est!« Elina proximo mane in mensa ientaculi dixit. Mater gemuit. »Recte dicis. Sed hoc adhuc septuagies dixisti atque si hoc septies milies diceris nihil mutabit. Ergo conare optimum facere ex eo.«
»Sed nolo optimum ex eo facere«, Elina respondit et cum cochleare pultem ientaculi verberavit. »Elina,« Carolus monuit. »Hoc non prodest.« Fratrem ita adspexit, ut solito de sede deiceretur, sed ex aliqua causa nihil accidit. Ergo pultem cenare perrexit et instituit numquam cum fratre colloqui.
Postea apud Arianam se deflere studuit. Cum Ariana saepe consedit, quia simpliciter res erant, quae tantum inter puellas disputari possunt. Ariana pro Elina sicut soror maior erat; Fortasse etiam, quia Ariana tam fortis erat, nam a Kim Seyong, technico cosmico Coreano, artem nomine Jiu-Jitsu discebat et apud Rogerum Taylor, qui reditores ad Terram exercuit, exercitationem roboris fecit.
Sed Ariana prohibitionem non tam tragicum esse aestimavit. »Sempiterna non est«, solum dixit. »Post duos menses omnia e memoria excessa erunt, videbis. Et colonia vero satis magna est.«
In via ad conclave scholare Elina cogitavit indignationem suam cum Ronaldino dividere, sed ille aut solum cogitaret eam eum accusare velle, quia tum vestitum cosmicum divulserat aut queretur, quod vagatrum nondum gubernare possit. Ronaldino vivere et vagatra gubernare idem erant et gubernatores vagatrorum ei iterum iterumque gubernaculum tenere permiserunt – aut obstinate mendicare scivit aut vero se utilem esse monstravit.

---

inclusum v. includere = *einsperren;* **improbus, -a, -um** = *gemein;* **ientaculum n.** = *Frühstück;* **septuagies** = *siebzigmal;* **septies milies** = *siebentausendmal;* **conari** = *versuchen;* **cochlear, -cochlearis n.** = *Löffel;* **deicere** = *zu Boden werfen ;* **puls, pultis f.** = *Brei;* **perrexit v. pergere** = *fortfahren;* **se deflere** = *hier: sich ausweinen;* **technicus cosmicus m.** = *Raumfahrttechniker;* **reditor, reditoris m.** = *Rückkehrer;* **exercēre** = *trainieren;* **exercitatio roboris** = *Krafttraining;* **prohibitio, -onis f.** = *Verbot;* **sempiternus, -a, -um** = *ewig, für immer;* **indignatio, -onis f.** = *Empörung;* **divellere** = *zerreißen;* **queri** = *sich beklagen;* **vagatrum, -i n.** = *Rover;* **gubernare** = *steuern;* **gubernaculum, -i n.** = *das Steuer;* **obstinate Adv.** = *hartnäckig;* **mendicare** = *betteln;* **utilis,-e** = *geschickt;*

Sed Ronaldinus iam negotium aliud invenerat. »Vide, quid invenerim«, clamavit cum Elina scholam intravit. In conclavi scholari quattuor computatra erant ad lectiones institutionis publici televisorii pertractandum. Sed Ronaldinus instrumentum mirum adiunxerat – gubernaculum visum est.

»Hic est simulator volandi officialis, ut in eruditione aviatorum in planeta Terra adhibitur«, narravit Ronaldinus.

»Transmissio eius ad computatrum Martiale totam noctem durabat. Ecce, manuale completum quomodo aeroplanum gubernatur. Et hic, monitorium mutavit et pulpitum aviatoris apparuit – aeroplanum! Omnia adsunt, quid desideras. Hoc per annos studere potes.«

»Capio«, Elina dixit. Ronaldus tamen terrestris erat. His rebus originem eius sentire poteras.

Elina ante monitorium suum stetit. Lectiones simpliciter per-tractare potuit, dum sibi exire non licuit, sed ea noluit.

Tum Carolus apparuit et se post suum monitorium emisit quasi omnia bona sint. Quod Elina non iam pati potuit.

Se includi admittere? Hoc videbimus!

***

Quot annos nata fuerat cum primo vestitus cosmicos acceperant? Parvula quidem fuit. Ronaldinus nondum recte fari potuerat.

Fuerat ut festum natalicium Domini – magna pompa ad cata-ractam. Diu ante mensurae liberorum exploratae erant; cuius Elina etiam recordata est. Quia vestitus sui singillatim conficiendi erant. Solum pro adultis seriebus confecti sunt.

---

conclave scholare n. = *Klassenzimmer;* **computatrum n.** = Computer; **institutio, -onis f.** = *Unterricht;* **pertractare** = *durcharbeiten;* **simulator volandi m.** = Flugsimulator; **eruditio, -onis f.** = *Ausbildung;* **aviator, -oris m.** = *Pilot;* **computatrum Martiale n.** = *Marsrechner; Marscomputer;* **aeroplanum, -i n.** = *Flugzeug;* **pulpitum aviatoris m.** = *Piloten-Cockpit;* **desiderare** = *begehren;* **capio** = *hier: verstehe;* **terrestris, -e** = *von der Erde;* **monitorium, -i n.** = *Monitor;* **se emittere** = *sich fallenlassen;* **pati** = *ertragen;* **parvula, -ae f.** = *kleines Mädchen;* **quidem** = *jedenfalls;* **fari** = *sprechen;* **festum Natalicium Domini m.** = *Weihnachten;* **pompa, -ae f.** = *Prozession, Festzug;* **cataracta, -ae f.** = *Schleuse;* **mensura, ae f.** = *Maß;* **recordari** = *sich erinnern;* **singillatim conficere** = *maßschneidern;* **series, seriei f.** = *Serie;*

Quam superbi fuerant, eis tandem licuit sicut adulti vestitus cosmicos gerere, quos adhuc e fenestris Stationis Superioris adspicere potuerant. Cassis imposita primo mira fuerat. In tali casside se ipsum spirare auditus est, vox propria mira sonavit, alios solum per megaphonum auditi sunt, multa instrumenta in prospectu fuerunt... Et primo cataractam intrare, ad manus parentium! Sentire vestitum se inflare et se ipsum fere immobilem esse. Ronaldinus exclamaverat, quod adhuc scivit. Mater eum monuit, ut quietum maneret.
»Mox praeteritum erit«, domina Penderton iterum iterumque dixerat.
Denique porta externa sublata erat et primos gradus in fundum Martiali fecerant. – Elina quasi hoc die hesterno fuisse recordata est. Interea iam saepius quam numerare potuit cataractam transiit. Sed hodie primo caute circumspectavit, cum vestibulum intravit. Nullus custodiens adfuit.
Sed hoc necesse non erat. Solum vestitus cosmici liberorum includendi erant; nam vestitus adultorum induere non potuerunt, illi eis nimii erant.
Sed, oh! Miraculum, vestitus cosmici inclusi non erant. Elinae vestitus in cataracta secunda fuit, apud ipsum accumulatorium, quo Elina eum coninunxerat. Lucernula viruit, ergo paratum fuit.
Simpliciter studeret. Nam Doctor Spencer tantum unum indicem recitaverat.
Putare possent se diligenter auscultavisse? Minime!
Elina vestitum induit, eum clausit, tum caligas et digitabula induit et cassidem se imposuit. Probatio. Lucernula virides lucebat. Omnia optima. Ergo fac!

---

megaphonum, -i n. = *Lautsprecher;* **spirare** = *atmen;* **in prospectu** = *im Blickfeld;* **cataracta, -ae f.** = *Schleuse;* **parentes, -ium m.** = *Eltern;* **se inflare** = *sich aufblasen;* **immobilis, -e** = *unbeweglich;* **praeteritum v. praterire** = *vorbeigehen;* **sublata v. tollere** = *hochheben;* **fundus Martialis m.** = *Marsboden;* **caute Adv.** = *vorsichtig;* **vestibulum, -i n.** = *Vorraum, Eingang;* **adultus, -i m.** = *Erwachsener;* **induere** = *anlegen, anziehen;* **accumulatorium,-ii n.** = *Ladestation;* **coniungere** = *anschließen;* **lucernula, -ae f.** = *Lämpchen;* **viruit v. virescere** = *grün werden;* **index, -indicis n.** = *Liste;* **tantum Adv.** = nur; **caliga, -ae f.** = *Stiefel;* **digitabulum, -i n.** = *Handschuh;* **cassis, cassidis f.** = *Helm;* **se imponere** = *sich aufsetzen;* **probatio, -onis f.** = *Check, Prüfung;*

Cataractam intravit et mutatrum pressit, quod solito effecit portam internam claudi et portam externam aperiri, ubi primum pressio intra cataractam pressionem aeris Marsiani aequaverat.
Hodie nihil movebatur.
Pro eo vox placida ab AI-20 in megaphono cassidis audivit, quae omnes institutiones technicas coloniae observabat.
»Elina, te certiorem facere debeo me severam instructionem habere te foras non sinere. Te a detrimento conservet, ut mihi dixerunt.«
Elina frontem contraxit. »Hoc stultum est. Delibera, AI-20. Per annos fere omni die foras eo. Cur sit hodie aliquid periculosum, quod hesterno die bonum fuit?«
»Tales mutationes utique cogitabiles sunt«, AI-20 modo rerum minutarum diligenti respondit. »Condiciones circumiectorum exempli gratia mutavisse praecepta securitatis defendisse possent. Aut cognitiones novae adsunt ut solitus modus agendi periculosior esset quam exspectatus.« »Et animadvertisne aliquam mutationem?«
»Minime.«
»Accepistine aliquas inventiones?«
AI-20 scientiatus apud explorationes eorum adiuvit et omnia scivit, quae de planeta Marte sciendae erant.
»Nihil, quid hanc instructionem meo conspectu defenderet.«
»Tum sine me foras ire.«
»Mihi non licet, doleo, Elina. Instructio severa est. Si non pareo, tum violo legem robotorum et exspectandum est, ut in condicionem originalem remittar.«
Elina supercilia levavit. »Lex robotorum? Nescivi robotores proprias leges habere.«

---

mutatrum, -i n. = *Schalter;* **efficere** = *bewirken;* **pressio aeris f.** = *Luftdruck, Atmosphäre;* **institutiones technicae f. pl.** *technische Einrichtungen;* **observare** = *überwachen;* **frontem contrahere** = *die Stirn runzeln;* **te certiorem facere debeo** = *ich muss dich informieren;* **periculosus, -a, um** = *gefährlich;* **hesterno die** = *gestern;* **mutatio, -onis f.** = *Veränderung;* **modo rerum minutarum** = *auf penible Art;* **condiciones circumiectorum f.** = *Umweltbedingungen;* **cognitio, -onis f.** = *Kenntnis, Erkenntnis;* **scientiatus, -us m.** = *Wissenschaftler;* **foras Adv.** = *nach draußen;* **doleo** = *leider, es tut mir Leid;* **severus, a-, -um** = *ernst, streng;* **supercilium, -i n.** = *Augenbraue;* **lex, legis f.** = ***Gesetz;***

»Hoc potius translatum dictum est. Significat instructiones quasdam ab homine ad machinam esse, quae machina violare non debet. Machina instructionem etiam tum violare non debet, si putat se meliorem sciat.«
Elina intellegere studuit, quid hoc significet. »Ergo me foras exire non licebis.«
»Non licebo«
»Et si una cum adulto venio?«
»Tum etiam non licebo.
Cataractam tum demum aperirem, si non iam inesses.«
»Sed instructionem rectam esse non putas?«
»Ita est. Primum, quia scio, tibi foris versari cordi esse. Secundum, quia ex mea cognitione, liberis magni esse, se sine impeditione movere et circumiecta explorare. His de causis hanc instructionem in longitudine noxiam esse puto.«
Elina suspiravit, cassidem deposuit et cataractam reliquit.

»Saltem una, quae me intellegit« dixit.

---

doleo = *leider, es tut mir Leid;* **severus, a-, -um** = *ernst, streng;* **supercilium, -i n.** = *Augenbraue;* **lex, legis f.** = *Gesetz;* **translatus, -a, -um** = *bildlich, im übertragenen Sinne;* **significare** = *bedeuten;* **etiam tum** = *auch dann;* **cordi esse** = *am Herzen liegen, wichtig sein;* **libere Adv.** = *frei;* **circumiecta n. pl.** = *Umwelt;* **noxius, -a, -um** = *schädlich;* **saltem Adv.** = *wenigstens*

Animadversio

Elina per officinas et laboratoria vagata est. Saepe hic fuerat, sed hodie ubique et omnibus obstare videbatur. Unus ex ferrariis dixit: »Attende, ne apud nos aliquid tibi accidat.« Elina oculos torsit et discessit.
Denique aliquid ei in mentem venit. Iterum anabathrum ad partem superiorem stationis cepit, praeter conclave scholare repsit et scalas ad Tholum speculatorium ascendit.
Cur id non priore in mentem venerat! Ex eo loco totum propatulum cum vagatris videre potuit, magnum craterem spectare potuit, ubi tepidaria colonienses fulgebant sicut bullae argenteae, atque amplum caelum, qui hodie coloris pallidi fuit. In horizonte montes regionis Tharsis imminebant, super eos ingens conus vulcani Ascraeus Mons, qui nonnullis vesperis umbram suam usque ad coloniam iacere videbatur. Ecce, ibi textus e parvis rimis saxorum formam similis crustae ulceris, qui in Vallem Jeffersoniam duxit…
Satis telescopiorum hic aderant. Elina unam ex eis cepit et spectavit, spectavit, spectavit. Tam multa videnda erant. Multae res ei notae erant, sed etiam multas res vidit, quas per multos annos adhuc non animadverterat. Sed aliquando telescopium deposuit et aliquid auscultare studebat. Idem non fuit. Planetam Martem quidem abhinc videre potuit – sed ille non cum ea loquitur.
Schola. Pah. Etiam tantum praecepta erant. Et ei satis erat praecepta parendi.

---

animadversio, -onis f. = *Beobachtung;* **officina, -ae f.** = *Werkstatt;* **laboratorium, -i n.** = *Labor;* **ferrarius, -i m.** = Schmied; **obstare** = *im Weg stehen;* **oculos torquere** = *die Augen verdrehen;* **discedere** = *weggehen;* **anabathrum, -i n.** = *Aufzug, Fahrstuhl;* **repere** = *schleichen;* **scalae, scalarum f.** = *Treppe;* **tholus speculatorius m.** = *Aussichtskuppel;* **propatulum, -i n.** = *Vorplatz;* **tepidarium,-i n.** = *Treibhaus, Gewächshaus;* **bulla, -ae f.** = *Blase;* **argenteus, -a, -um** = *silbern;* **coloris pallidi** = *von blaßgelber Farbe;* **conus, -i m** = *Kegel;* **nonnullis vesperis** = *an einigen Abenden;* **textus, -us m.** = *Geflecht;* **rima, -ae f.** = *Furche;* **crusta ulceris f.** = *Schorf (auf einer Wunde);* **satis Adv.** = *genug;* **telescopium, -i n.** = *Fernglas;* **abhinc Adv.** = *von hier aus;* **praeceptum, -i n.** = *Vorschrift;*

Nunc optimum e condicionibus faceret. Et optimum fuit, tholum speculatorium iucundum exornare et accuratum commentarium scribere. Sicut pater id fecerat.
Mater adhuc nonnullos libellos commentariorum patris habuit, quos in planeta Terra per effossiones in America Australi scripserat. Interdum Elinae licuit libellos patris pervolvere. Delineamenta subtilia admirata erat, quae pater e testis, nummis aut ornamentis confecerat aut eius accuratam scripturam, qua animadversiones, cogitationes aut simpliciter data tempestatis inscripserat.
Elina libellum et stylos se comparavit, tegimentum calidum, corbem cum lagoena aquae mentae, mala, crustula cum uvis passis, pyxidem plenum acetariae pomorum terrestrium.
Ita armata et in tegimento implicata – tholus speculatorius non bene calefactus erat – omnia observabat, quae circum se agebantur.
Ita in libellum animadversiones suas perscripsit: Vagarium avehens et revertens. Mutationes colorum caeli, technici in vestitibus cosmicis, in turribus instrumentorum laborantes, apparaturas removentes et alias affigentes.
Ortus et occasus ambarum lunarum planetae Martis nomine Deimos et Phobos. Parvulae tempestates arenae in horizonte. Ver iniit - ergo unum tempus anni, quo saepe vehementes tempestates arenae oriuntur. Et illae parvae tempestates prodigia erant.
Elina attemptavit formationem saxorum delineare, et statuit difficile esse, aliquid bene delineare.

---

iucundus, -a, -um = *angenehm;* **exornare** = *ausstatten;* **commentarium, -i n.** = *Protokoll;* **accuratus, -a, -um** = *genau* **libellus commentariorum m.** = *Protokollbuch;* **effossio, -onis f.** = *Ausgrabung;* **interdum adv.** = *manchmal;* **delineamentum, -i n.** = *Zeichnung, Skizze;* **subtilis, -e** = *fein;* **testa, -ae f.** = *Tonscherbe;* **cogitatio, -onis f.** = *Erkenntnis;* **data tempestatis n.pl** = *Wetterdaten;* **stylus, -i m.** = *Stift;* **tegimentum, -i n.** = *Decke;* **calidus, -a, -um** = *warm;* **corbis, -is f.** = *Korb;* **lagoena, -ae f.** = *Flasche;* **aqua minta f.** = *Minzwasser;* **malum, -i n.** = *Apfel,* **crustulum, -i n.** = *Plätzchen;* **uva passa f.** = *Rosine;* **pyxis, pyxidis f.** = *Dose;* **acetaria pomorum terrestrium f.** = *Kartoffel-salat;* **calefacere** = *heizen, wärmen;* **turris instrumentorum f.** = *Instrumenten-turm;* **apparatura, -ae f.** = *Gerät;* **ortus, -us m.** = *Aufgang;* **occasus, -us m.** = *Untergang;* **Deimos** et **Phoebos** = *(die Marsmonde);* **prodigium, -i n.** = *Vorzeichen;*

»At per totum diem in tholo speculatorio sedere non potes.« mater aliquo die apud cenam dixit.
»Cur non«, Elina stomachose rogavit.
»Si tuas lectiones neglegas, eas aliquando tibi repetendas sunt, iam scis, necne?«
»Amen!«
»Loquere probe mecum!«
Elina orem torsit voce puerili pipiavit: »Doleo, sed parvula puella sum, tam stupida, ut ei per cataractam foris exire non liceat. Probe loqui non possum.«
Mater manus ante faciem posuit murmurans: »Elina Faggan! Quid faciam tecum?«
Postea Carolus Elinam secum duxit et monuit. Elina hoc secum »insultum fratris maioris« appellavit.
»Te matrem violare in animo habere puto. Iam scis quantopere patrem desideret. Imaginare semel, quomodo se valeat, si nobis quid accideret, tibi vel mihi.«
»Ita bene,« Elina dixit. Quasi intra coloniam nihil accidere posset. Quasi nullus ex colonis umquam aegrotavisset. Quasi numquam calamitas in officinis accidisset. »Me taedet nos includere. Ad id ius eis non est.
Sed tempore procedente in tholo speculatorio sedere molestum fuit. Funditus semper idem videre potuisti.
Sed hoc nunc non confiteretur. Ergo in tholo permansit, manducavit suos panes, semisomniavit, quia tempus tum celerius praeteriit et porro delineare studuit. Elina Faggan obstinata erat, vero!
Si quid in animum instituerat, tum …«

---

at = *aber;* **stomachose** = *dickköpfig, wütend;* **loquere imp. v. loqui** = *reden;* **puerilis, -e** = *kindlich, kindisch;* **pipiare** = *pipsen;* **stupidus, -a, -um** = *dumm;* **murmurare** = *murmeln;* **violare** = *verletzen;* **imaginare imp.v. imaginari** = *sich vorstellen;* **quantopere** = *wie sehr;* **quasi** = *als ob;* **me taedet** = *es nervt mich;* **tempore procedente** = *mit der Zeit, allmählich;* **molestus, -a, -um** = *beschwerlich, lästig;* **funditus** Adv. *im Grunde;* semisomniare = dösen;

Hoc momento conspectus suus in mira figura haesit. Figura mirissima. Figura, quam numquam viderat.
Res oblonga, in altitudinem imminebat et specie brachio vagatri fuit. Sed hodie nullum vagatrum eo vectum erat.
Elina commentarios inspexit: re vera, hodie nullum vagatrum. Hodie solum unum vagatrum exiit, sed in directionem alteram.
Stylum strinxit et notavit:
»Hora decima et triginta prima res mira in directionem septentrionale-oriente, in clivo, in Vallem Jeffersoniam ducente. Res oblonga oblique ad partem sinistram superiorem monstrat; admonet de brachio vagatri, sed non idem est. Iterum rem oblongam inspexit. At mane paulisper! Res non ad partem sinistram superiorem, sed ad partem dextram superiorem monstrat!
Minime. Res movet.
Nunc aliquid post saxum apparuit. Genus ....
Elina devoravit.
Genus corporis ...!

---

haesit v. haerere, = *hängenbleiben;* **oblongus, -a, -um** = *länglich;* **stringere** = *zücken, ziehen, rausholen;* **mirus, -a, -um** = *seltsam;* **septentrionalis, -e** = *nördlich;* **oriens, orientis** = *östlich;* **clivus, -i m.** = *Abhang;* **res, rei f.** = Sache, *Ding;* **oblique Adv.** = *schräg, quer;* **sinister, -tra, -trum** = *links;* **paulisper** = *kurz;* **dexter, -tra, -trum** = *rechts;* **devorare** = *schlucken;* **genus, generis n.** = *Art, Sorte;* **corpus, corporis n.** = *Körper;*

Marsianus. Vidit Marsianum. Ille lente movit, quasi Elinae cum longo magno brachio innueret. Cur hic nulla telescopia validiora erant! Elina e sede exsiluit, telescopium in tegumentum iactavit, ad cocleam volavit, et in conclave scholasticum irruit. Omnes aderant. Carolus et Ariana discebant, Ronaldinus cum simulatore volandi ludens modo praecipitavit.
»Cito!«, Elina vocavit. »Marsianum video!« Quam stupide omnes eam adspectaverunt. Putaveruntne eam nunc plene insanam esse?
»Venite!«, Elina brachia iactavit, ut tandem surgerent et ei sequerentur. »Vobis ostendam!«
»Elina, nulli …« Carolus coepit, sed Elina solum caput quassavit et vocavit: »Nihil mea interest. Simpliciter vide!«
Laboriose se surrexerunt, lente inviteque; ad insaniendum fuit!
Elina eos in tholum speculativum incitavit, eis telescopia in manus pressit et in directionem ad Vallem Jeffersoniam monstravit. »Ibi, apud clivum.«
Proprium telescopium ante oculos tenuit. Fortasse locum accuratius describere debuit. At Marsianus non iam adfuit.
»Nihil video«, Ronaldinus dixit. »Me in directionem falsam videre puto«, Ariana dixit. »Elina, dic iterum ubi sit?«
»Evanuit,« Elina tristis susurravit. »Sed iuro me id vidisse. Animal cum brachio longo mihi innuens.«
»Animal quoddam cum brachio ?«, Carolus cum telescopio huc illucque se vertens incerte sonavit. »Nihil video.«
»Certe non, ille deest. Non dubito in Vallem Jeffersoniam descendit!«, Elina vocavit.

---

testis, -is m./f. = *Zeuge;* **vestigium, -i n.** = *Spur;* **lente Adv.** = *langsam;* **innuere** = *zuwinken;* **validiora** = *stärkere;* **exsilire** = *aufspringen;* **coclea, -ae f.** = *Wendeltreppe;* **irruere** = *hineinstürzen;* **simulator volandi m.** = *Flugsimulator;* **praecipitare** = *abstürzen;* **cito Adv.** = *schnell;* **plene Adv.** = *völlig;* **brachia iactare** = *mit den Armen fuchteln;* nihil mea interest = *interessiert mich nicht;* **invite Adv.** *unwillig;* **incitare** = *treiben;* **accuratius Adv.** = *genauer;* **evanuit v. evanescere** = *verschwinden;* **huc illic** = *hierhin dorthin, hin und her;* **incerte Adv.** = *unsicher, unschlüssig;*

Ei non crediderunt. Scilicet non. Nam Marsiani non sunt, ut scientia docet.
Elina stylum et libellum cepit. »Videte, talem formam habuit.« Memoriter adumbravit, quod vidisset. »Et certa es eum vagatrum non esse?«, Carolus rogavit. »Nullum vagartrum in hanc directionem vectus est. Praterea multo minor vagatro est. Vagatrum altius quam tria metra est. Si ibi unum staret, multo altius esset.«
Carolus iterum in directionem indicatam spectavit. »Ita, recte dicis.«
Ariana communicatorem e funda arcessit. »Si ibi quid fuit, AI-20 id etiam vidisset necne?«
»Ita, accurate!,« Elina eam pro hac cogitatione basiare potuisset. AI-20 totam regionem custodivit sine pausis; certe animal etiam viderat aut perscripserat. Ariana numerum ad AI-20 inscripsit et rogavit. Tum volumen amplificavit, ut omnes audire possent.
»Sensoria optica regionis septentrionalis, curationis causa solitae, praeter duo, destructa et propter calamitatem Dimitri Gorki nondum collocata sunt« explicavit AI-20. »Duo instructa modo lato angulo laborabant et sectionem definitam non plene detegebant. Per ea nihil phaenomenoni descripto similem animadverti. Itaque hanc animadversionem neque confirmare neque excludere possum.«
»Quid est de aliis sensoriis ? Radaris exempli gratia?
Undae Radiophonicae?« Carolus rogavit.
»Ceterae apparaturae mensionis accurate laborabant, sed nihil perscripserunt.«

---

scilicet = *natürlich;* **scientia, -ae f.** = *Wissenschaft;* **memoriter Adv.** = *aus dem Gedächtnis;* **adumbrare** = *skizzieren;* **vagatrum, -i n.** = *Rover;* **communicator, -oris m.** = *Kommunikator;* **fundus –i m.** = *Tasche;* **necne?** = *oder nicht?;* **accurate Adv.** = *ganz genau;* **basiare** = *küssen;* **custodire** = *überwachen;* **volumen, voluminis n.** = *Lautstärke;* **amplificare** = *verstärken;* **sensorium, -i n.** = *Sensor;* **opticus, -a, -um** = *optisch;* **septentrionalis, -e** = *nördlich;* **curationis causa** = *aus Wartungsgründen;* **destruere** = *abbauen, entfernen;* **collocare** = *aufstellen, errichten;* **modo lato angulo** = *im Weitwinkelmodus;* **sectio definita** = *bestimmtes/definiertes Gebiet;* **phaenomenon, phaenomeni n.** = *Phänomen;* **confirmare** = *bestätigen;* **excludere** = *ausschließen;* **radar, radaris n.** = *Radar;* **undae radiophonicae** = *Radiowellen;* **perscribere** = *aufzeichnen;*

Silentium. Terribile silentium diffundens et plus omnia verba dicens. Elina censuit se ex eo silentio suffocare debere.
»Gratias ago, Al-20« Ariana dixit et exstinxit communicatorem.
»Ibi aliquid vidi«, Elina fessa iteravit. »Bene, nescio, num Marsianus fuerit. At aliquid ibi fuit.«

Carolus mentum fricans cogitavit. Fortasse animali simile, sed aliquid alterum fuit. Aliquid, quid nullas signaturas radiophonicas efficit. »Fata morgana«, Ronaldinus interiecit. »Talia in planeta Terra in regionibus desertis apparent.«
Elina eum irata aspexit. »Tua planeta Terra me non sollicitat.«
Ariana telescopium in manibus rotans Elinam aspexit.
»Cogita, num simulacrum posset... aut«
»Id tam plane et aperte vidi sicut vos nunc video.« vehementer respondit. »Ibi aliquid adfuit. Certe in Vallem Jeffersoniam descendit et ea de causa evanuit.
Et per deum, brachia pedesque habuit.«
»Quid dicis«, Carolus miratur.
»Puto id cum pedibus isse. Sicut aranea«, Elina dixit. Elina pedes non spectaverat, sed animal eodem modo quo corpus aranea moverat.
»Antea de hac re nihil narravisti.«
»Antea cogitavi vos monstrare posse.« Elina tegumentum implicare coepit. »Nihil refert. Vallem Jeffersoniam adire debemus et ibi inquirere. Fortasse adhuc ibi est. Vel vestigium reliquit.«
»Vallem Jeffersoniam adire non possumus.«, frater eam ad-monuit. »Nequoquam ire possumus.«
»Ita,bene«, Elina tegumentum in corbem infersit.
»Profecto possumus«, Ronaldinus dixit. »Modo non licet.«
Heus! Elina flavum cincinnatum inspexit. Tale dictum ab eo non exspectaverat. Carolus gestum abicientem fecit. »In fine idem est.«

---

suffocare = *ersticken;* **exstinguere** = *ausschalten;* **fessus, -a, -um** = *müde, erschöpft;* **signatura radiophonica f.** = *Radarsignatur;* **Fata Morgana** = *Fata Morgana;* **simulacrum -i n.** = *Spiegelung;* **aranea, -ae f.** = *Spinne;* **nihil refert** = *es ist egal;* **inquirere** = *nachsehen, nachforschen;* **mentum, -i n.** = *Kinn;* **fricare** = *reiben;* **nequoquam** = *nirgendwohin;* **infercire** = *hineinstopfen;* **cincinnatus, -i m.** = Lockenkopf: **gestus abiciens m.** = wegwerfende Bewegung;

Elina brachia ante pectus implexit et fratrem aspectavit:
»Putasne mihi aliquid ibi fuisse.«
»Puto te aliquid vidisse.«, Carolus cunctans respondit.«
»Bene. Et ego inveniam, quid fuerit.«
»Quid in animo habes?« Carolus insidians rogavit.
»Nihil«, Elina respondit. »Sed Doctorem Spencer de ea re narrabo. Certe eum commovebit animalia prope coloniam ambulare.«

***

Doctor Vernon Spencer undabundos capillos et multos stylos in funda camisiae habuit. Primo dixit »Hmmm, hmmm«, cum Elina de sua animadversione narravit.
»AI-20 multis ex partibus utilis et saepe inopinato callida est, sed cogitationibus eius confidere cessarem. In fine est solum applicatio computatralis, etsi ingens complexa.«
Ante suum computatrum consedit et nonnulla data quaesivit. »Haec sunt sonus radaris temporis definiti. Bona idea praeterea, commentarios inscribere. Vero scientificum.«
»A patre didici«, Elina explicavit.
»Ita, pater tuus scientiatus magnus erat. Adhuc nobis deest.«
Vernon Spencer subtussivit.
»Ergo pro collega, censeo. Verum est ille egoque plerumque litigavimus. Sed ille fere semper vicit. Hodie scilicet nonnullas res, quas dixi mihi dolent…
Ah, ecce… Ah, minime« Caput quassavit. »Nihil detectum est. Una machina a sensoriis energiae detecta esset.
Machina quaeque a fonte energiae agitatur, quae propriam signaturam radioelectricam efficit. Sed nihil ibi est. Quid vidisti alia res esse debet.«
»Fortasse animal?«
Doctor Spencer cogitabundus subrisit. »Nunc, hoc certe non. Nam animalia in planeta Marte non sunt. Praeter nos.«
Computatrum exstinxit, manus suas depsuit.

---

cunctans = *zögernd;* **insidians** = *lauernd;* **undabundos capillos** = *wallendes Haar;* **fundus camisiae m.** = *Hemdtasche;* **inopinato** = *unerwartet;* **scientificus, -a, -um** = *wissenschaftlich;* **scientiatus, -us m.** = *Wissenschaftler;* **subtussire** = *hüsteln;* **litigare** = *streiten;* **sensorium energiae n.** = *Energiesensor;* **quaeque** = *jede;* **cogitabundus, -a, -um** = *gedankenversunken;* **depsere** = *kneten;*

»Verisimile est hanc rem vaporationem gasorum fuisse. Haec est regio maxime movens scientiae, de qua minime scimus. Doleo, ne imagines fecisti. Hae nunc nobis adessent.«
»Hoc mihi non in animum venit«, Elina concessit.
»Cogitavi me id delineare satis esse.«
»Imago hac in re melius fuisset.«
»Nonne quisquam in Vallem Jeffersoniam descendat et probet, num aliqua vestigia ibi sint?« Elina proposuit.
Communicator doctoris Spencer sibilavit. »Timeo, ne ...« Invocationem accepit, aliquotiens dixit »Ita«, et »intellego« et denique »Sic facite.«
Tum finivit invocationem et Elinam aspexit.
»Nobis praedictio est, quae dicit magnam tempestatem pulveris e regione meridiano appropinquare. Omnia parare debemus, ut apparaturas mensionum, quae ea de causa foris collocavimus, ad tempus conficiamus.«
Elina exsiluit. »Sed si tempestas pulveris huc venit, tum omnia vestigia tegentur, quae fortasse adsunt!«
Doctor Spencer umeros sustulit »Nunc dolet, sed timeo...«
Nonne ego eo ire possim et circumspectare? Etiam imaginem facerem!«
»Tu?«, scientiatus maior vero anhelavit.
»Ergo, minime, omitte hanc rem. Nimis periculosum est.«
»Quando tempestas veniet?«
»Tardissime hodie vespere, sed prima prodigia ...«
»Si statim discedo, iam redirem ad...«
»Puella!« doctor Spencer eam increpavit.
»De tempestate pulveris colloquimur!
Omitte tuum consilium, audisne!
Et nunc excusa. Mihi nimium agendum est.«

---

vaporatio gasorum f. = *Gas-Ausdünstung;* **invocatio, -onis f.** = *Anruf;* **tardissime Adv.** = *spätestens;* **prodigium, -i n.** = *Vorzeichen;* **increpare** = *anherrschen, anschnauzen;* **omittere** = *fallenlassen; aufgeben;*

Tempus evolat

Tempestas pulveris! Elina statim currere coepit, ubi primum porta officii doctoris Spencer clausa est. Nunc omnis minuta valebat. Potestne aliquis adultorum adiuvare? Rogerus Knight exempli gratia. Is vagatrum gubernabat, fortasse pro ea vallem Jeffersoniam adiret et photographaret, si eum rogaret.
Elina breviter deliberavit.
Sed hoc etiam possibile non erat. Etiam Rogerus Knight cogitaret eam omnia animo finxisse et non severe animal, vel quidquid fuerat, quaereret. Non severe quid quaeris, de quo illud non adesse putas.
Carolus adiuvare debuit. Si una cum eo Doctorem Spencer adirent, fortasse efficere possent, ut eos coloniam relinquerent et vestigia conservarent.
Sed Carolus noluit. »Nullo pacto nos ambo foris exibimus, si tempestas pulveris praedicta est.«
»Fortasse solum parva tempestas pulveris est.« Elina vocavit. Tum sibi in mentem venit matrem eos audire posse et vocem dimisit.
»Tempestates pulveris saepe defecerunt, antequam ad regionem nostram pervenerant. Vel tempestas nos praeterit – tum solum nonnulla grana arenea accipimus et fine.
»Saepe res vice versa se habet: tempestas innoxia praedicta est tumque talis tempestas sicut anno proximo ante diem natilicium venit, quae nos tam alte texerat, ut non per fenestras stationis superioris spectare posses.«
»Sed…«
Carolus obstinate caput quassavit. »Nullo pacto, Elina. Imaginare, quomodo hoc matrem moveret. Etiamsi tibi nihil accideret.« Hoc argumentum refellere non potuit.

---

evolare = *enteilen, verrinnen;* **tempestas pulveris f.** = *Staubsturm;* **ubi primum** = *sobald als;* **valēre** = hier: *zählen;* **breviter Adv.** = *kurz;* **finxisse** v. fingere = *sich einbilden, vorstellen;* **severe Adv.** = *ernsthaft;* **quidquid** = *was auch immer;* **nullo pacto** = *keinesfalls;* **deficere** = *abnehmen, abschwächen;* **granum arenae n.** = *Sandkorn;* **vice versa** = *umgekehrt;* **innoxius, -a, -um** = *harmlos;* **obstinate Adv.** = *widerwillig;* **caput quassare** = *den Kopf schütteln;* **refellere** = *widerlegen;*

Omnia, quae responderet, sonaret sicut mortem patris neglegeret. Sed hoc verum non fuit. Patrem desideravit, terribile desideravit. Memoriam patris colere voluit. Sed Elina sensit, memoriam non coleret, si per residuum vitae omnia timeret et se abderet.
Pater eius investigator fuerat. Semper aliquid audebat, ut res investigaret. Si eum colere voluit, tum ei adaequare debuit.
Sed nescivit, quomodo hoc dicere potuisset.
»Bene«, ergo dixit. Umeros demisit et secum cogitavit, quid per se suscipere posset.
Sed ipse Ariana se semper fera et pugnax gerens Elinae auxilium non fuit.
»Tempestas res stulta est.« dixit. »Certe omnia velabit, etiamsi invalida adhuc perveniat. At scis, si animalia in planeta Marte vivunt, tum ea aliquando inveniemus. Alias expeditiones emittemus; cum nave proxima a planeta Terra novae et multo meliores satellites speculandi venient. Solum quaestio temporis est, quando eos invenient – si adsunt ...«
»Et si se abdunt? Si suo proprio modo nobiscum convenire volunt?
Ariana cogitavit. »Tum ibi vero. Censeo nos vix neglegi posse, necne?« Elina collapsa est.

»Fortasse recte dicis«, respondit. »Fortasse nimius impatiens sum. Haec res solum ita se habet, ut ego ipsa libenter ea essem, quae eos inveniet, comprehendisne?«
Ariana risit, se ad Elinam inclinavit et eam amplecta est. »Haec mihi narrare non debes. Id in frontem tuam inscriptum est, Elina!«

---

desiderare = *vermissen;* **memoria, -ae f.** = *Erinnerung, Andenken;* **residuum, -i n.** = *Rest;* **audēre** = wagen, riskieren; **adaequare** = gleichtun, nacheifern; **umeros demittere** = *die Schultern hängenlassen;* **per se** = *auf eigene Faust;* **suscipere** = *unternehmen;* **pugnax, pugnacis** = *kämpferisch;* **velare** = *verhüllen, bedecken;* **emittere** = *ausschicken;* **impatiens, impatientis** = *ungeduldig;* **inclinare** = *sich beugen;* **amplecti** = *umarmen;* **reditio, -onis f.** = *Rückkehr;* **habitatio, -onis f.** = *Wohnung;*

In reditione ab habitatione ubi Ariana cum patre vivebat – mater eius ad planetam Terra redita erat cum Ariana sex annos nata erat – Elina Ronaldinum convenit, qui Elinam exspectavisse visus est.
»Consilium habeo«, ille dixit.
»Quod consilium?«
»Quo modo foris exire possumus.«

---

reditio, -onis f. = *Rückkehr;* **habitatio, -onis f.** = *Wohnung;*

Ronaldinus propius admovit, ut submissus dicere potuit. Bona cogitatio fuit, nam medio in via principali steterunt, ubi multi homines in itinere erant.
»Nempe antiquam stationem invenimus« , coepit…
Elina annuit. Hoc ante nonnullos annos acciderat. Portam abditam ludentes in una ex cellis invenerant, post eam inopinato 'Statio Antiqua' erat. Habitatio prima quaeque, quae homines in planeta Marte collocaverant. Astronautae primae missionis Martialis internationalis eam aedificaverant, ut ibi unum et dimidium annum vivebant, antequam ad planetam Terram redire potuerunt. Semper narratum est stationem in aedificando coloniae deletam fuisse.
Constituerant hanc inventionem occultare, quia in cellis ludere non licuit.
»Certe. Et?« Elina rogavit.
»Andron a Statione ad cataractam ducit, quae manibus agitur«. Elina intellexit, quid Ronaldinus in animo habuerit. »Certe, sed quomodo accurate agatur nescimus. Etiam nescimus num omnino laboret. Carolus eos cum cataracta ludere tum noluerat. Si peccarent, dixerat, fortasse totus aer coloniae emanaret.
In Mediatheca iam inspexi. Documentum ibi est, quod describit, quomodo cataracta agitur.«
Mediatheca proxime circum angulum fuit et documentum celeriter inventum est. Textum imaginesque una inspexerunt in monitorio. Cataracta ita constructa fuit, ut portam internam modo aperire posses, si aere impletam esset. Id, quod Carolus timuerat, ergo accidere non potuit.

---

statio, -onis f. = *Station;* **propius Adv.** = *näher;* **submissus, -a, -um** = *leise;* **cogitatio, -onis f.** = *Überlegung;* **via principalis f.** = *Hauptstraße;* **nempe** = *doch;* **annuere** = *zustimmend nicken;* **cella, -ae f.** = *Lagerraum;* **inopinato** = *überraschenderweise;* **habitatio, -onis f.** = *Behausung;* **prima quaeque** = *allererste;* **dimidium, -i n.** = *Hälfte;* **occultare** = *geheim halten, verbergen;* **andron, andronis m.** = *Gang, Tunnel;* **manibus** = *mit den Händen, von Hand;* **omnino Adv.** = *überhaupt;* **peccare** = *Fehler machen;* **emanare** = *herausströmen;* **mediatheca, -ae f.** = *Mediathek;*

Antlia alioqui, quae aerem e cella cataractae exhausit, per manus incendere et exstinguere oportuit et in manometro pressionem aeris observandam erat, dum acus sub signum destinatum ceciderat. Vere priscum, sed solidum.

»Consilium dependet ex antlia«, Ronaldinus dixit, »num ea laboret, num ea vim electricam habeat.«

»Nescimus, num in altera parte revera foris perveniemus«, Elina dixit. »Verisimile non est.« Carolus tum explicaverat totam regionem coloniae exploratam et chartographatam fuisse. Si alicubi porta externa fuisset, eam et stationem antiquam iam diu invenisset.

Ronaldinus umeros micuit. »Et? Id studere possumus.«

»Recte dicis«, Elina respondit. »Id studere possumus.«

***

Vacuum receptaculum spatiale comparaverunt et cum eo ad cataractas ierunt.

Exspectaverunt donec nemo prope fuerit, tum solum tria opuscula sumpsit: Vestitus ex accumulatoriis capere, in receptaculum ponere, operculum claudere.

Sed cum deorsum advenerunt, ibi exspectavit ad terrorem eorum Jewgenij Turgenev, membrum concilii colonorum officio curationis et renovationis praestans una cum duobus technicis ante portam.

Sed Turgenev solum dicens »Salvete, liberi«, eos cum receptaculo violaceo descendere sivit et sermonem perrexit: »Nihil mea interest, quid fabricator de liberatione curationis scribat. Anabathrum stridet et anabathra stridentes non amo.«

---

alioqui = *ansonsten;* **antlia, -ae f.** = *Pumpe;* **cella cataractae f.** = *Schleusen-kammer;* **exhaurire** = *aussaugen;* **incendere** = *einschalten;* **exstinguere** = *aus-schalten;* **manometrum, -i n.** = *Manometer;* **pressio, -onis f.** = *Druck;* **acus, -us f.** = *Nadel, Pfeil;* **priscus, -a, -um** = *altmodisch, altertümlich;* **vis electrica f.** = *Strom;* **explorare** = *erkunden;* **chartographare** = *kartografieren;* **alicui** = *irgend-wo;* **vacuus, -a, -um** = *leer;* **receptaculum spatiale n.** = *Space-Container;* **accumulatorium, -i n.** = *Ladegerät;* **opusculum, -i n.** = Handgriff; **operculum, i n.** = *Deckel;* violaceus, **-a, -um** = *violett;* **sivit** v. sinere = *lassen, zulassen;* **nihil mea interest** = *es interessiert mich nicht;* **fabricator, oris m.** = *Hersteller;* **curatio, -onis f.** = *Wartung;* **liberatio curationis f.** = Wartungsfreiheit; **anabathrum, -i n** = *Fahrstuhl;* **stridere** = *quietschen;*

»Omnia probavimus«, unus ex technicis affirmavit. »Omnes partes mobiles unximus, cubiles renovavimus, res hydraulicas probavimus…«
»Sit ita, sed stridor ingravescit. Nonnullis annis anabathrum ululabit sicut…«
Ronaldinus Elinaque non iam audiverunt, nam circum angulum proximum flectere et ex aspectu venire festinaverunt.
Ad cellas posteriores pervenerunt sine molestia, tegimentum portam abdentem ad latus moverunt - plana lamina ferrea – vestitus suos e receptaculo ceperunt et in Stationem Antiquam evanuerunt. Ibi multae res, quae astronautis illius temporis fuerant: duo pectina, unus stylus spheratus, impilia defecta, subuculaque. Imago feminae, in cuius parte aversa »amore Katharina« inscripta erat. In pariete praeconium pependit cum inscriptione Campionatus Follis Canistri 2055 et facies athletarum, ex eis Elina nullum noverat. Ita fuit, quasi astronautae illius temporis modo foris exirent et mox redirent.
»Properemus«, Elina dicens vestitum spatiale induere coepit. Ronaldinus ante eam confecit – ut semper. Etiamsi in planeta Terra natus est – rerum technicarum simpliciter valde peritus fuit. »Optimum esset radiophona nostra exstinguere, donec foris erimus«, dixit Ronaldinus, antequam cassidem imposuit.
Elina nuit, animum attendit in probationem. Omnia viride, optime. Ronaldinum per angustum andronem e saxo nudo extusum secuta est usque ad cataractam.

---

partes mobiles f. = *bewegliche Teile;* **unximus** v. unguere = **einfetten;** **cubile, -is n.** = *Lager;* **res hydraulicas f.** = *hydraulische Teile, Hydraulik;* **sit ita** = *mag sein;* **stridor, -oris m.** = *Quietschen;* **ingravescere** = *zunehmen, sich ver-schlimmern;* **anabathrum, -i n.** = *Aufzug, Fahrstuhl;* **ululare** = *jaulen, heulen;* **sine molestia** = *unbehelligt;* **planus, -a, -um** = *flach; dünn;* **lamina ferrea f.** = *Eisenblech;* **pecten, pectinis m.** = *Kamm;* **stylus spheratus m.** = *Kugelschreiber;* **impilium, -i n.** = *Socke;* **subucula, -ae f.** = *Unterhemd;* **pars aversa f.** = *Rückseite;* **paries, parietis m.** = *Wand;* **praeconium, -i n.** = *Plakat;* **Campionatus Follis Canistri 2055** = *Baseball Meisterschaft 2055;* **quasi** = *als ob, wie wenn;* **peritus, -a, -um** = *erfahren;* **radiophonum, -i n.** = *Funkgerät;* **foris Adv.** = *draußen;* **viridis, -e** = *grün;* **nudus, -a, -um** = *nackt;* **extusum** v. extundere = *herausschlagen;* **radius, -i m.** = *Speiche;*

Ronaldinus radium rotae manualis capiens Elinam rogans aspexit. Quae annuit et iterum fundam externam probavit. Photomachina secum habuit. Hoc maximum fuit.

Portam aperire potuerunt, etiamsi laboriose. Intus lux illuxit. Ronaldinus pollicem sustulit, quod significavit vim electricam adesse. Cellam cataractae intraverunt, portam post se clauserunt et Ronaldinus vectem pressit, qui antliam rexit. Quae ululans laborare coepit, acus in crasso manometro cecidit.
Aeterne duravit, donec lineam rubram pervenerat, de qua aperire portae non iam periculum fuit. Rota externa non movit.Tum demum cum ambo viribus unitis traxerunt ea paruit.
Nunc momentum movens affuit. Quid se exspectavit in altera parte portae externae? Plus andron apparuit. Is post nonnullos gradus in caveam bullatam exiit, earum duodecimas meridionalis a colonia affuerunt, et ex ea sub sole ierunt.

In horizonte meridionali ingens nubes fusca pependit.
»Oh-oh«, Ronaldinus fecit.
»Ea praeterit«, Elina explicavit. Aliquo modo certe se habuit. »Sed properemus«.
Ronaldinus dubitavit. »Nescio, num ea praeterit.«
Sed eam secutus est.

---

radius, -i m. = *Speiche;* **funda externa f.** = *Außentasche;* **laboriose Adv.** = *mühsam;* **intus Adv.** = *innen;* **lux, lucis f.** = *Licht;* illuxit (v. **illucescere)** = *zu leuchten anfangen;* **pollex, pollicis m.** = *Daumen;* **sustulit** v. tollere = *(hoch)heben;* **cella cataractae f.** = *Schleusenkammer;* **vectis, -is m.** = *Hebel;* **regere** = hier: *steuern;* **ululans** = *jaulend;* **crassus, -a, -um** = *dick;* **manometrum, -i n.** = *Manometer;* **aeterne Adv.** = *ewig;* **durare** = *dauern;* **rota, -ae f.** = *Rad;* **tum demum** = *erst dann;* **viribus unitis** = *mit vereinten Kräften;* **momentum movens** = *der spannende Moment;* **cavea, -ae f.** = *Höhle;* **bullatus, -a, -um** = *blasenförmig;* **duodecimas** = dutzende; **sub sole** = *ins Freie;* **fuscus, -a, -um** = *braun;*

Quam beneficium, tandem iterum foris esse, infinitam amplitudinem circum se sentire, sensus libertatis interminae. Elina potissime exsultaret, si non impermisse in via esset et si hanc nubem pulveris non immineret, qui nonnullis horis hic aderit.
Efficerent, scilicet, sed tam multum temporis ad quaerendum eis consumendum non fuit. Iter per pedes ad Valles Jeffersoniam sumeret dimidiam horae. Abhinc primo finem meridionalem coloniae circumire deberent et valla crateris, et quidem in distantia quadam, ut non statim detegerentur. Sed efficerent, aliquomodo Elina certe se habuit.
Non multum dixerunt, solum interdum »Ibi secundum«, aut »Attende!«, si saxum in via fuit. Cum ad planitiem glareosam in occidente coloniae pervenerunt, saltibus longis promovere coeperunt. Ita multo celerius promoverunt quam per pedes iter facere – pedem offendere vel cadere non debuerunt.
Medio in saltu vox ab Al-20 in cassidibus eorum sonavit.
»Elina et Ronaldine«, Al-20 dixit. »Animadverto positionem vestram extra coloniam esse. Quid hic agitur?«
Elina et Ronaldus constiterunt et lapilli sub pedibus eorum avolaverunt.
»Merda«, Ronaldinus murmuravit. »Quid nunc?«
»Nos prodere non debes«, Elina clamavit. »Vallem Jeffersoniam adire debemus, ut vestigia pergravia scientifice conservemus, antequam pulvere tegentur .

---

arcanus, -a, -um = *geheim;* **beneficium, -i n.** = *Wohltat;* **tandem Adv.** = *endlich;* **infinitus, -a, -um** = *endlos;* **amplitudo, -dinis f.** = *Weite;* **sensus, -us f.** = *Gefühl;* **interminus, -a, -um** = *unendlich;* **potissime Adv.** = *am liebsten;* **impermisse Adv.** = *verbotenerweise, unerlaubt;* **per pedes** = *zu Fuß;* **circumire** = *umgehen;* **vallum, -i n.** = *Wall;* **quidem** = *und zwar;* **quadam** = *in einer gewissen;* **distantia, -ae f.** = *Entfernung;* **ibi secundum** = *da entlang;* **attende** = *pass auf;* **planities, planitiei f.** = *Ebene;* **glareosus, -a, -um** = *voller Kies, kiesbedeckt;* **saltus, -us m.** = *Sprung;* **celerius Adv.** = *schneller;* **pedem offendere** = *stolpern;* **cadere** = *fallen; stürzen;* **repente Adv.** = *ruckartig;* **consistere** = *stehenbleiben, haltmachen;* **merda, -ae f.** = *Mist;* **prodere** = *verraten;* **scientificus, -a, -um** = *wissenschaftlich;* **pergravis, -e** = *sehr wichtig;*

Apud AI-20 arguendum erat. Liberi hoc etiam sine eruditione Cyberneticae celeriter didicerunt.
»Non cognosco, quomodo coloniam exire potueritis.« AI-20 iteravit.
»Id tibi non prodemus«, Elina respondit. »Arcanum est.«
AI-20 cogitare videbatur. Processus machinales ingenti celeritate perficiebantur, quod significabat eam magnum problema solvere studere. »Elina«, vox sempiterna benigna denique dixit. »Consilium tuum adiuvare velim, sed, si te nunc non nuntio,mihi confirmatione probabili opus est, cur te non nuntiaverim.« »Excusationem«, Ronaldinus intellexit. »Ita etiam dicere posset.«AI-20 dixit. »Sed inveniendo excusationum homo quisque me longe superat.«
Elina breviter cogitavit: »Quae sunt verba accurata instructionis tibi data.«
»Permissio mihi non est ullum liberorum coloniam per cataractas relinquere.«
»Accepistine instructionem, si tamen coloniam relinquimus?«
»Minime.« Quia hoc tempore, quo instructionem datam est, omnes liberi intra coloniam versabantur et confidendum erat, ut instructionem propter transitum cataractarum liberorum sequerer, exspectandum non erat, ut hoc casus fieret.« AI-20 explicavit.
Elina subridere debuit. »Tum haec res simplicissima est. Coloniam relinquere nobis non permisisti – ergo instructionem non violavisti. Et quia nullam instructionem habes, si foris sumus, nihil facere debes.«
»Intellego«, AI-20 dixit. »Illum accusas, qui mihi instructionem dedit.«
»Ita est.«
»Sed tamen haec tempestas pulveris approquinquans mihi fons periculi esse videtur, quae me urget vos movere in tuto coloniae redire.«

---

arguere = *argumentieren;* **eruditio cyberneticae f.** = *Kybernetik-Ausbildung;* **arcanum, -i n.** = *Geheimnis;* **processus machinales m.** = *maschinelle Prozesse;* **solvere** = *lösen;* **sempiternus, -a, -um** = *ewig;* **probabilis, -e** = *gut, vernünftig;* **excusatio, -onis f.** = *Ausrede;* **longe Adv.** = *bei weitem;* **relinquere** = *verlassen;* **ullus, -a, -um** = *irgendeines;* **versari** = *sich aufhalten;* **urgēre** = *drängen, bewegen;*

»Tempestas nos praeteribit«, Elina dixit.
»Hoc dictum non convenit cum mensionibus meis. Tempestas potius coloniam accurate iciet et fortissima huius anni Martiani erit.«
Verba ab Al-20 Elinam horruerunt. Ronaldinum aspexit, qui eam magnis oculis observavit, tum in directionem Vallis Jeffersoniae spectavit. Illum Marsianum invenire utique voluit.
»Efficiemus«, explicavit. »Ad vallem perveniemus et redibimus, antequam tempestas erumpat.«
»Aestimationes tuae sumptus temporis itineris vestri angustisissmae sunt.«
»Tamen ibimus. Quid censes?«, Elina Ronaldinum rogavit. Qui dubitavit. »Nescio, fortasse re vera periculosum erit …«
»Si non audes, sola ibo.«
Ronaldinus caput sustulit. »Putasne me permittere, ut sola abires? Potius properemus!«
»Elina«, Al-20 iterum dixit. »Potius redeatis.«
»Da nobis unam horam«, rogavit Elina.
»Si id temporis non redibimur, fac, quid cogites. Sed nunc properare debemus, aliter omnia vana essent.« Elina iter perrexit et Ronaldinus eam secutus est.
Fusca glarea sub pedibus crepitavit. Ventus coepit arenam inter glareas agitare. Celeritas venti erat centum chiliometra per horam, sed aer tam tenuis erat, ut tempestatem vix animadvertere posses. Sed si oculos humi direxisti glareas natare videbantur. Vallis Jeffersonia appropinquavit. Elina iam saepe ibi fuerat. In margine extremo stans vides mare saxorum acutorum exesorum, quasi gigas ea neglegens in fossam inicisset.
Vere labyrinthus e fragmentis saxorum.
Elina amabat in aliquo e saxis sedere et suis cogitationibus indulgere.

---

mensio, mensionis f. = *Messung;* **icere** = *treffen;* **utique** = *unbedingt;* **angustissimus, -a, -um** = *äußerst eng, knapp;* **id temporis** = *rechtzeitig;* **vanus, -a, -um** = *vergeblich;* **glarea, -ae f.** = *Kies;* **acutus, -a, -um** = *scharfkantig;* **exesus, -a, -um** = *zerklüftet;* **gigas, gigantis m.** = *Riese;* **neglegens Adv.** = *nachlässig, achtlos;* **fossa, -ae f.** = *Grube;* **inicere** = *hineinwerfen;* **fragmenta saxorum** = *Felstrümmern;* **direxisti** (v. dirigere) = *richten, heften;* **indulgēre** = *sich hingeben, nachhängen;*

Hoc loco planetam Martem clarissime audivit. Quasi Vallis Jeffersonia os esset, quocum recta via in animam eius insusurraret. Sed hodie tempus versandi et auscultandi non fuit.
»Tempestas magis magisque terribili aspectu est.«, Ronaldinus sensit, dum regionem inspexerunt, ubi Elina Marsianum adverterat. »Putasne eam revera praeterire?«
Elina nubem brevissime aspexit et umeros micuit. »Casu extremo abdemus.« Elina deorsum monstravit. »Ibi deorsum nonnullae cavernae ampliores sunt.«
»Ita«, Ronaldinus sensit. »Tum bene eveniet.«
Elina iterum in regionem meridianam spectavit. Si navis cosmica a planeta Terra venit, tum ad planetam Martem non appellit, sed planetam circumvolat. Connectio cum superficie planetae Martis pontone efficitur, qui ultro citroque volat homines et res transportandi causa. Si hic ponto incitatur, similis nubes oritur.
Sed illa nubes per horas in aere haesit.
Haec nubes movit. Celeriter movit. Revera velociter appropinquavit, etiamsi solum breviter spectans hoc clare videri potuisti.
Elina ergo non iam nubem aspexit. »Quaere vestigia«, Ronaldinum dixit.
Ronaldinus circumiit oculis humi defixis.
»Quem aspectum habere debent?«
»Ego quoque nescio. Vestigia scilicet,«
»Haec talia?« Sicut fulmen Elina iuxta eum fuit. »Genius es«, machinam photographiam prompsit. »Haec sunt.«
Circum coloniam modo duo genera vestigiorum inveniebantur: primum impressiones caligarum vestituum cosmicarum et deinde vestigia canthuum vagatrorum. Haec alia erant.

---

os, oris n. = *Mund;* **revera** = *wirklich;* **micare** = *zucken;* **casu extremo** = *im Notfall;* **appellere** = *landen;* **ultro citroque** = *hin und her ;* **ponto, -onis m.** = *Fähre, Shuttle;* **scilicet** = *eben, natürlich;* **fulmen, fulminis n.** = *Blitz;* **genius, -i m.** = *Genie;* **promere** = *hervorholen;* **caliga, -ae f.** = *Stiefel;* **canthus, -i m.** = *Reifen;* **impressio, -onis f.** = *Eindruck, Abdruck;* **peritia, -ae f.** = *Erfahrung;* **caverna, -ae f.** = *Gewölbe;* **educere** = *aufziehen;* **gallina, -ae f.** = *Huhn;* **bestiolae molestae f. pl.** = *Ungeziefer;* **pellicula, -ae f.** = *Film;* **in genu nitens** = *kniend;* **glomus, -i m.** = *Ballen (am Fuß);*

Talia vestigia Elina numquam viderat. Hae impressiones vestigiis animalium similes erant.
Elinae multa peritia vestigiarum animalium non erat. Pisces Tiliopenses in cavernis infra coloniam educare novit. Gallinas, quae in tholis tepidariis inter mala in herbis vivebant. Etiam unum aut alterum genus bestiolarum molestarum quae contra omnia praecepta securitatis iter ad planetam Martem confecerant. Sed praeter haec animalia solum e pelliculis novit. In una ex his pelliculis viderat, quomodo investigator in genu nitens vestigium inspexit sicut se ipsa nunc fecit: impressiones in pulvere quasi pes animalis quinque glomos contineret.
Et uno pede animal aperte claudicavit
»Fortasse vulneratum est,« Elina dixit et vestigium trahentem monstravit. »Videsne, hunc pedem trahit.«
»Silex dissilit«, Ronaldinus murmuravit.
Dictum eius recentissimum fuit, e serie televisifica, quae constanter spectabat. Titulus aliquid cum Saxo est.
Elina ex omnibus directionibus et omnibus intervallis photographavit, ut vestigia accuratissime inspicere posses et postea nemo existentiam huius animalis dubitare posset.
Elina triumphum quietum sensit. Hoc animal ergo minime finxerat. Nulla vaporatio gasorum fuerat, nullum simulacrum, nullum eorum simile.
At si hoc animal in planeta Marte natum erat, si hic oritur, tum circumiectus aptum erat, tum tale erat, ut hic bene vivere poterat.
Verbis aliis: Tum Marsianus erat.

---

caliga, -ae f. = *Stiefel;* **canthus, -i m.** = *Reifen;* **pisces Tiliopenses m.** = *Tiliopa-Fische;* **caverna, -ae f.** = *Gewölbe;* **educere** = *aufziehen;* **gallina, -ae f.** = *Huhn;* **bestiolae molestae f. pl.** = *Ungeziefer;* **pellicula, -ae f.** = *Film;* **in genu nitens** = *kniend;* **glomus, -i m.** = *Ballen (am Fuß);* **claudicare** = *hinken;* **vestigium trahens n.** = *Schleifspur;* **silex, silicis m.** = *Quarz;* **dissilire** = *knacken, zerspringen;* **dictum, -i n.** = *Spruch;* **series televisifica f.** = *Fernsehserie;* **existentia, -ae f.** = *Existenz;* **quietus, -a, -um** = *still;* **finxerat** (v. fingere) = *sich ausdenken;* **simulacrum, -i n.** = *Trugbild, Täuschung;* **circumiectus, -us m.** = *Umwelt;*

Carolus ante basilicam stetit et horologium inspexit. Semel in septimana Elinae et Caroli erat cenam parare, quia mater hoc die cum consilio colonorum convenit. Et ex consuetudine Elina iam diu adesse debuisset.

Basilica fuit cella in tabulato subterraneo coloniae, ubi cibaria recentia omnium generum conservabantur. Et quibusque licuit ex eis sumere, quid egeat. Ibi admodum frigidum erat, ergo potius ante portam segregationis exspectabas.

Verisimile erat eam iterum in tholo speculandi sedere et tempus totaliter oblitam esse. Carolus modo communicatorem capere voluit, cum is ipse pipiavit.

Al-20 invocavit. »Carole, in conflictione sum, in qua tuo auxilio egeo.« Carolus supercilia levavit. Talia verba vere raro audivit.

»Bene, de qua re agitur?«

»Soror tua modo una cum Ronaldino in margine Vallis Jeffersoniae versatur. Ea...«

»Quid?«, Carolus vocavit. »Quomodo hoc evenire potuit?«

»Mihi explicavit hanc excursionem investigationes scientificas adiuvare et qua de causa me oravit eos non prodere«, dixit Al-20. »Sed nunc tempestas pulveris a hemisphaerio meridiano celerius quam calculatam appropinquat. Consilia capere mihi necesse videtur, ut ambo in tempore redirent. Adhuc tres minutas habemus, qualia generis haec consilia sint.«

---

septimana, -ae f. = *Woche;* **ex consuetudine** = *normalerweise;* **tabulatum subterraneum n.** = *Untergeschoß;* **cibaria n.pl.** = *Lebensmittel;* **recentia** = *frisch;* **omnium generum** = *aller Art;* **quisque** = *jeder;* **sumere** = *nehmen;* **egēre** = *brauchen;* **frigidior, -ius** = *ziemlich kalt;* **porta segregationis f.** = *Isoliertür;* **pipiare** = *piepsen;* **conflictio, -onis f.** = *Konflikt;* **supercilium, -i n.** = *Augenbraue;* **levare** = *hochheben, hochziehen;* **raro Adv.** = *selten;* **excursio, -onis f.** = *Exkursion, Ausflug;* **scientificus, -a, -um** = *wissenschaftlich;* **hemisphaerium meridianum f.** = *Südhalbkugel;* **calculare** = *berechnen;*

Susurrus Tempestatis

Elina in margine vallis stetit et deorsum clivum monstrans dixit: »Hoc loco descendit.«
»Nonne censes nos potius redire?« Ronaldinus rogavit. »Vide tamen. Tempestas iam mox aderit.«
»In initio non tam male est. Elina dicens in vallem procedere perrexit. »Iam efficiemus.«
Ronaldinus ad fuscam nubem spectavit, quae e directione meridiana sicut paries luti ferventis appropinquavit. »Ea vere horrida aspectu est.«

Elina in saxum proximum, altius situm, desiluit. Ea Ronaldinum non iam audire videbatur. Ronaldinus de sepulcro domini Gorki cogitare debuit et quomodo dominus Turgenev dixerat progressionem semper victimas petere. Fortasse proximi erunt.
Sed Elinam solam procedere admittere non potuit. Ergo solum gemuit et eam secutus est.
»Hic est iterum vestigium!« Elina exsultavit. Se occultavit loco decem metra sub margine vallis. »Eum insequimur«. »Marsianum?«. Quid sit, si ille noluit aliquem eum insequi? Si exempli gratia telum radiatorium haberet et eos – bzzt- in pulverem mutaret? Quem tempestas statim secum duceret et nemo sciret, quid eis acciderit.
»Noli properare!«, Ronaldus vocavit. Cogitavit, quomodo vestitum cosmicum ad tale saxum divulserat. Illud maledictum doluerat, frigus horribilis, qui miro modo sicut ignis arserat. Cicatrix adhuc visibilis fuit.
Elina eum exspectavit ante saxum altitudine hominis fere aequans. Post tres saltus iuxta eam fuit.
»Ibi«, Elina submissim dixit et brachium porrexit. »Ibi est.«

---

deorsum = *nach unten;* **clivus, -i m.** = *Abhang;* **paries, parietis m.** = *Wand;* **lutum, -i n.** = *Schlamm;* **fervens, ferventis** = *kochend;* **horrida aspecu** = *schrecklich anzusehen;* **altior, altius** = *höher;* **fortasse** = *vielleicht;* **exsultare** = *jubeln;* **telum radiatorium n.** = *Strahlenwaffe;* **nemo, neminis m.** = *niemand;* **divulserat** (v. divellere) = *zerreißen;* **maledictum** = *verdammt;* **frigus, frigoris n.** = *Kälte;* **miro modo** = *seltsamerweise;* **arserat** (v. ardere) = *brennen;* **cicatrix, cicatricis f.** = *Narbe;* **altitudine hominis fere aequans** = *fast mannshoch*

Ronaldinus spiritum retinuit, spectavit in directionem, quam ea indicavit. Revera, ibi aliquid movit. Brachium tenue, quod inops circumattrectavit. Brachium in corpus miro modo fulgens duxit, quod etiam movit. Hoc diligentius videre non potuit, nam prima vexilla pulverum super vallem flaverunt.

»Tempestas«, Ronaldinus inquit. »coepit«. Elina sursum spectavit. Eam labrum superius manducantem vidit. »Stultitissimum est.« Elina censuit.

»Cavernam adeamus et exspectemus usque tempestas praeterita est.«

»Primo Marsianum adiuvare debemus. Nonne vides eum inter saxa deprehensum esse.«

»Et quomodo eum adiuvare possumus?«

»Si Marsianus sit, tum hic vivere potest, etiam sine nobis.«

Prospectus deterior fiebat. Minus minusque potuit videre. Pulvis densiorem fiebat et sicut nebula vallem velavit.

»Utique appropinquemus. Imaginem in vicino facere volo.«

Elina saxum ascendit, post id abdiderat. »Et quidem antequam tempestas adsit.«

»Vae nobis!«, Ronaldus crepitavit, sed deinde tamen eam secutus est. Saltem non iam properavit.

Nunc primos pulsus venti super marginem venientes animadvertere potuisti. Malum signum. Pessimum signum. Si pulsos venti sentis, tum id significat tempestatem fortissimam esse.

Reditionem omnino non efficerent, dum tempestas saeviebat. Et tum demum prodire possent, cum omnia praeterita essent.

Si tempestas eos non sepeliret.

Ronaldus vultum distorsit. Stercus!

Atque ipse hoc consilium habuerat.

---

spiritus, -us m. = *Atem;* **tenuis, -e** = *dünn;* **inops, inopis** = *hilflos;* **fulgēre** = *glitzern;* **vexilla pulverum n.** = *Staubfahnen;* **flare** = *wehen;* **sursum** = *nach oben;* **labrum superius n.** = *Oberlippe;* **manducare** = *kauen;* **supervivere** = *überleben;* **prospectus, -us m.** = *Sicht;* **deterior, -ius** = *schlechter, schlimmer;* **densus, -a, -um** = *dicht;* **nebula, -ae f.** = *Nebel, Rauch, Dampf;* **utique** = *jedenfalls;* **in vicino** = *aus der Nähe;* **et quidem** = *und zwar;* **vae nobis!** = *wehe uns!;* **crepitare** = *knurren;* **saltem** = *wenigstens;* **pulsus venti m.** = *Sturmböe;* **omnino** = *ohnehin;* **saevire** = toben; **tum demum** = *erst dann;* **sepelire** = *begraben;* **vultum distorquēre** = *das Gesicht verziehen;* **stercus, stercoris n.** = *Mist;*

»Eum video«, Elinam vocantem audivit. Cogitatne Marsianum eos fortasse repudiare. Nam invasores in hac planeta erant.
Ronaldus ad eam pervenire maturavit. Iam decem metra ab ea distans audivit Elinam tristem gemitum dare et dicere: »Oh, stercus!«
»Quidnam est?« pervenit ad idem saxum, in quo Elina stetit.
Istinc vidit. Marsianus non erat. Erat robotum.

***

»Tria minuta«, Carolus iteravit, qui sensit omnia in capite suo rotare. Elina foris? Quomodo haec efficerat…? »Quae facultates sunt?«
»Funditus modo una, conclamationem suscitare«, AI-20 explicavit. »Unum vagatrum in via est. Praesidium continet Rogerum Knight, Robertum Griffith et Nicolao Sardou, qui modo labores apud stationes mensionum in oriente marginis crateris finiverunt.
Vagatrum eorum, si tempestas eadem celeritate movit, ad tempus in Vallem Jeffersoniam pervenire posset, ut Elinam et Ronaldinum servaret.«

»Intellego«, Carolus dixit. »Et quid contradicit?«
»Conclamasatio automatice magistratus astronavigationis nuntiavit, qui tum relationem petit. Quia disputatur praetorem in planetam Martem mittere, conclamatio decretum gubernatoris ita movere posset, ut plerique coloni nolunt.«
Carolus nictavit. »Censes, si nunc conclamationem suscitas, dolium abundat et praetorem certissime nobis mittent?«
»Haec facultas possibilior est.« Digitis per capillos sulcavit. Damnatum. Elina vero ingenium difficultates efficiendi habuit!
»Quae optiones nobis sunt? Censeo, quid pro eo facere possimus?«

---

repudiare = *ablehnen;* **invasor, -oris m.** = *Endringling;* **maturare** = *sich beeilen;* **tristis gemitus m.** = *enttäuschter Seufzer;* **istinc** = *von dort;* **rotare** = *drehen;* **facultas, -atis f.** = *Möglichkeit;* **funditus** = *im Grunde;* **conclamatio, -onis f.** = *Alarm;* **suscitare** = *auslösen;* **praesidium, -i n.** = *Besatzung;* **statio mensionum f.** = *Messstation;* **ad tempus** = *rechtzeitig;* **relatio, -onis f.** = *Bericht;* **nictare** = *blinzeln;* **dolium abundat** = *das Fass läuft über;* **possibilior** = *ziemlich wahrscheinlich;* **pro eo** = *stattdessen;*

»Nescio,« Al-20 concessit. »Sed mea facultas consilia elaborandi a potestatibus hominum superatur. Speraveram te consilium in mente habere.«
»Modo, Ariana egoque foris eximus: perficere possemus?«
Al-20 breviter tacuit, hanc facultatem computavit. »Hoc impossibile est.«
Ergo solum conclamatio remansit – etiamsi praetor eis imponitur. Utrosque servare debuerunt. Hoc tantummodo valuit.
»Exspecta!«, Carolus vocavit. »Conclamatio nihil prodest. Si Rogerus est unicus, qui ambos arcessere potest, tum eo quam celerrime eat. Optimum esset, me ipsum cum eo colloqui.«
Al-20 dubitavit, »conclamatio necessitatem urgeret. Ronaldino Elinaeque aliquid accidere nolo. Periculum eis indicavi, strictim dictum.«
»Si soror mea aliquid in mentem induxit, indicia non iam prosunt.«
Carolus spiritum traxit. »Fac, coniunge me cum vagatro!«

***

Una machina. Haud dubio. Id, quod ante pedes eorum inter dua saxa lapsum erat et nunc cum pedibus araneis studuit se e discrimine liberare – quod mox bene eveniet - fuit machina.
Corpus fere octangulum in rubra folia fulgenti implicatum fuit. Octo pedes metallici eminentes in omnes directiones moventes, saxa contrectaverunt, sustentaculum quaesiverunt, re-migaverunt, libraverunt. In parte superiore caput cum camera cinematographica iuxta longum brachium tripartitum erat, quae forceps in fine habuit.
»Aliquo modo Marsianos aliter imaginatus sum«, Ronaldinus confessus est.

---

concedere = *einräumen;* **elaborare** = *ausarbeiten;* **modo** = *vorausgesetzt;* **computare** = *berechnen;* **utrosque** = *beide;* **tantummodo** = *nur;* **valere** = *zählen;* **prodesse** = *nützen;* **unicus, -a, -um** = *einzige;* **quam celerrime** = *so schnell wie möglich;* **necessitas, -atis f.** = *Dringlichkeit;* **urgēre** = *betonen;* **strictim Adv.** = *nebenbei;* **in mentem inducere** = *sich in den Kopf setzen;* **indicium, -i n.** = *Hinweis;* **fac!** = *Los!;* **haud dubio** = *kein Zweifel, zweifellos;* **araneus, -a, um** = *spinnenartig;* **discrimen, -inis n.** = *missliche Lage, gefährliche Lage;* **octangulus, -a, -um** = *achteckig;* **ruber, rubra, rubrum** = *rot;* **octo** = *acht;* **metallicus, -a, -um** = *metallisch;* **eminēre** = *hervorragen;* **contrectare** = *abtasten ;* **sustentaculum, -i n.** = *Halt;* **remigare** = *rudern;* **librare** = *balancieren;* **tripartitus, -a, -um** = *dreiteilig;* **forceps, forcipis n.** = *Zange;* **aliquo modo** = *irgendwie;* **aliter** = *anders;* **imaginari** = *sich vorstellen;* **confiteri** = *gestehen;*

»Ego quoque«, dixit Elina. Hanc rem non intellexit.
Num fortasse cultus machinarum ortus sit? Talem aliquando in pellicula horrobiliore viderat. Machinae omnes homines contempserunt et indagatores in planeta earum invito appulsos necare studuerunt. Quod haec machina minime potuit - feliciter. »Ad omnes casus imagines faciam.«, Elina dicens photo-machinam arcessivit.
Ita, ut machina ibi iacuit, difficile fuit, eam ex omnibus partibus photographare. Praeterea vallis paulatim pulvere saltante et tremente impleta est, qui conspectum magis magisque impedivit. Sed Elina operam dedit, ut imagines bene succedant. Tum photomachinam iterum in funda externa imposuit et dixit »Bene, nunc latibulum quaeramus!«
Ronaldus minime movit. »Hoc bonum propositum esse non puto. Vide tempestatem. Vere ingens est. In cavea nos sepeliet.« Aspexit Marsianum aut quidlibet hoc fuit. »istud sepeliet ad omnes casus. Iste hic non effugiet.«

Elina sursum spectavit. Aspectus horribilis fuit. Pulver super eos volavit, quasi ab ingenti machina sufflandi super vallem agitabatur. Ad planitiem redire non iam potuerunt.
Etiam aliquid crepitare audivit. Quod erat causa, cur tempestates pulveris tam periculosae sint: Pulver ubique invadit, per rimas minutissimas, omnia epitonia impedivit atque infeliciter etiam machinas in pera dorsuali, quae oxygenium et calorem comparant.

»In summo, iuxta locum ubi descendimus, caveam parvam scio. Ibi tuti sumus. Tantum pulveris nullo modo descendet.«

---

cultus, -us m. = *Zivilisation;* **pellicula, -ae f.** = *Film;* **horribilior** = *ziemlich gruselig;* **contempserunt** (v. contemnere) = *verachten, hassen;* **invito** = *ungewollt, gegen den Willen;* **magis magisque** = *immer mehr;* **operam dare** = *sich Mühe geben;* **succedere** = *gelingen;* **funda externa f.** = *Außentasche;* **latibulum, -i n.** = *Versteck;* **propositum, -i n.** = *Vorschlag;* **machina sufflandi f.** = *Gebläse;* **planities, -iei f.** = *Ebene;* **crepitare** = *knirschen;* **rima, ae f.** = *Ritze;* **epitonium, -i n.** = *Schalter;* **pera dorsualis f.** = *Rückentornister;* **oxygenium, -i n.** = *Sauerstoff;* **calor,-oris m.** = *Wärme;* **tutus, -a, -um** = *sicher;* **nullo modo** = *auf keinen Fall;*

Ronaldus sonum fecit, qui semistomachose et semidesperate sonavit, sed tum eam secutus est.
Iter longum non fuit. Sed aliquo modo gradus quisque tormentum fuit. Saltare non iam possibile fuit. Labuntur, quia pulvis ubique fuit et eos involvit, quasi eos devorare voluit.
Elina se convertit et Ronaldino manum porrexit. »Necesse est nos una manere!«
Unum gradum post alium fecerunt, quisque gravior quam antecedente. Crepitare crevit. Deinde sustentaculum amiserunt et in longum clivum delapserunt sine facultate se retinendi. tempestas circum et inter eos fuit et pulverem, arenam, lapillosque in eis coniecit, qui cum sonis tenues crepitantes in cassides eorum pluerunt. Defessi iacebant. Elina spectavit, quomodo in cruris suis consideret.
»Non iam in summum efficiemus, necne?« Ronaldinus.
Elina fundam photomachinam continentem attrectavit. Prohibetne talis funda a pulvere? Nescivit. Fortasse. Speravit. Utinam imagines serventur!
De matre ei cogitandum fuit et quam dure pro ea esset, si aliquid sibi accidat. Utinam vere Carolo paruisset
»Nobis temptandum est«, dixit, surrexit et Ronaldino manum porrexit. »Veni!« Ronaldinus sonum singultantem fecit, tum laboriose surrexit. Semita alia iuxta magnum saxum fuit, clivus bonum sustentaculum praebens.
Elina prima in summum pervenit, Ronaldinum trahens circumspectavit, quo iter ducat.
»Aliquo modo … mire«, Ronaldinum anhelare audivit. »Accipio…krsch krzt.« »Quid est?«, ea vocavit. »Te non iam audio!«
Is aliquid dixit, eum labra movere vidit, sed nihil audivit. »Quid est de megaphono tuo?« Tum animadvertit megaphonum proprium non laborare.

---

semistomachose Adv. = *halb ärgerlich;* **semidesperate Adv.** *halb verzweifelt;* **gradus, -us m.** = *Schritt;* **tormentum, -i n.** = *Qual;* **labuntur** (v. labi) = *ausrutschen;* **una** = *zusammen;* **clivus, -i m.** = *Abhang;* **lapillus, -i m.** = *Steinchen;* **pluere** = *regnen;* **defessus, -a, -um** = *erschöpft;* **crus, cruris n.** = *Bein; Schenkel;* **attrectare** = *betasten;* **dure** = *hart;* **singultans** = *schluchzend;* **semita, -ae f.** = *kl. Weg, Pfad;* **sustentaculum, -i n.** = *Halt;* **anhelare** = *keuchen;* **labrum, -i n.** = *Lippe;* **megaphonum, -i n.** = *Lautsprecher;* **proprius, -a, -um** = *eigene;*

Ronaldinus vehementes motus fecit, se quassavit, pugno peram dorsualem verberabat. Quid agitur? Accepitne nullum aerem? Volueratne hoc dicere?
»Non vero« Elina vocavit. Terror ascendit. »Ronaldine, quid est de te? Tam doleo. Utinam hoc loco venire institissem....«

Ronaldinus in genua procubuit, pronus inclinavit, per manus et genua nitebatur. Elina iuxta eum ad imum cecidit, nescivit, quid faciat. Cor eius vehementissime pulsavit.
Hoc accidere non debuit. Ronaldino aliquid accidere non oportuit.
»Ronaldine!« vocavit et cassidem eius pulsavit. »Dic aliquid!«
Is surrexit, brachia iactavit. Quid hoc significet.? Num gaudebat? Elina nihil amplius intellexit.

Tandem Ronaldinus eam duobus manibus cepit, eam convertit, ut sursum spectaret. »Quid hoc fuit? Umbra potens, appropinquavit, ingens umbra fusca se per pulverem saltantem et ferventem promovit...
Ronaldinum magnos oculos facientem aspexit, cuius labra iterum iterumque verbum idem formaverunt.
Subito eum intellexit.

Vagatrum.

---

motus, -us m. = Bewegung; quassare = schütteln; **pugnus, -i m.** = Faust; **verberare** = schlagen; **terror, -oris m.** = Angst, Schrecken; **institissem** (v. insistere) = auf etwas bestehen, beharren; **in genua procumbere** = auf die Knie fallen; **pronus inclinare** = sich nach vorne beugen; **per manus et genua nitebatur** = er stützte sich auf allen vieren; **ad imum** = auf den Boden; **brachia iactare** = mit den Armen fuchteln;

Elina et Marsiani

Elina eos ad stationem infirmorum post reditum eorum portavisse inutile esse putavit, sed et Mr. Knight et Dr. Dejones in eo institerant. Nunc ibi iacebant, quisque in lecto puro, coniuncti ad machinam diagnosticam iucunde frementem, longe lateque unici patientes et audiverunt, quid Dr. Spencer eis narrare in animo habebat.

»Vere labefacti eramus, si ita dicere licet,« scientiatus vocavit et ventilavit cum exemplis imaginum ab Elina factis.

»Robotum in planeta Marte! Concussio erat, vobis dicere possum. Mars vero est planeta mythica; aliquo modo etiam in capitis nostris omnes narrationes fabulaeque circumerrant. Nos perterritos aspeximus et ego sponsionem facio quemque nostrum deliberavisse, num omnes auctores tamen prophetae erant, qui de cultu in planeta Marte scripserant...

Utique imaginari non potestis, quid per consilia nostra agebatur, dum vos placide vespernam vestram cenavistis.«

Elina vultum distorsit. Imprimis multa convicia sustinere debebant... et contradicere non licuit.

Quod fecerant maxime temerarium fuerat. Unicum solacium fuit eos non in culpa fuisse regimen terreste revera praetorem in planetam Martem missum iri. Nave proxima iste fere in dimidia anni veniet. Sed hoc iam decretum fuit, cum Ronaldino et Elina in Statione Antiquo fuerunt.

»Aliquando nobis in mentem venit tabularia perscrutari«, doctor Spencer continuavit, »et ecce aliquid invenimus, quod nemo exspectaverat. Fabula incredibilis. Quo longius de hac re delibero, eo incredibilior mihi videtur.

---

statio, -onis infirmorum f. = *Krankenstation;* **inutilis, -e** = *unnötig;* **purus, -a, -um** = *sauber;* **machina diagnostica f.** = *Diagnosegerät;* **iucunde Adv.** = *angenehm;* **fremere** = *brummen;* **longe lateque** = *weit und breit;* **unicus, -a, -um** = *einzige;* patiens = *Patient;* **labefactus, -a, -um** = *erschüttert;* **scientiatus, -us m** = *Wissenschaftler;* **ventilare** = *wedeln;* **concussio, -onis f.** = *Erschütterung, Schock;* **mythicus, -a, -um** = *sagenhaft, mythisch;* **sponsionem facere** = *eine Wette machen;* **propheta, -ae m** = *Prophet;* **utique** = *jedenfalls;* **vesperna, -ae f.** = *Abendessen;* **vultum distorquere** = *das Gesicht verziehen;* **convicium , -i n.** = *Standpauke;* **contradicere** = *widersprechen;* **temerarius, -a, -um** = *leichtsinnig;* **solacium, -i n.** = *Trost;* **tabularium, -i** = *Archiv;* **perscrutari** = *durchsuchen;*

Robotum a vobis inventum est percontatrum Marsianum nomine Reptile Marsianum, quod a Magistratu Astronatico Euopaeo anno 2024 ad planetam Martem missum est.
Tum auxilio naviculae appellendi in regionem Crysia Planum advenit. Attributum praecipuum fuit pedes aranei, quibus ipsum impedimenta difficilia superare potuit. Sed pro dolore post trimenium connectio radiotelegraphica fregit. In commentariis inscriptum est connectionem breve semel convenisse, sed robotum iam extra regionem investigandi fuisse. Postea nihil ab eo audiebatur et id periisse putabatur.«
Manibus plausit. »Sed aperte e contrario – hoc robotum suis iuris egit! Cellulas solares habebat, gubernationem complexum – per 50 annos in hoc planeta vagaverat.« Doctor Spencer vero fulsit ex admiratione. »Quot data in hac tempore collexit! Thesaurus, fodina scientiae. Itaque«, dixit et risum veteratorium monstravit, »vobis non vere irasci possum. Etiamsi actio vestra maxime temeraria fuit, robotum numquam invenissemus, simpliciter praeteriret, in vastitatem planetae Martis evanesceret, et aliquando periisset, sine de existentia eius audivissemus.«
»Iamne servavisti?« Ronaldinus rogavit.
»Modo facimus. Tempestas nocte decrevit et vagatra in Valle Jeffersonia occupata sunt id in tuto collocare.« Doctor Spencer suum communicatorem sustulit.
»Rogerus Knight, una minuta antequam vos adii, invocavit et dixit id in trochlea habere«

---

robotum, -i n. = *Roboter;* **percontatrum Marsianum n.** = *Marssonde;* **Reptile Marsianum n.** = *Marscrawler;* **Magistratus Astronauticus Europaeus** = *Europäische Raumfahrtbehörde;* **navicula appellendi f.** = *Landefähre;* **Crysia Planum** = *(eine Marsebene);* **attributum praecipuum n.** = *Besonderheit;* **impedimentum, -i n.** = *Hindernisse;* **difficillimus, -a, -um** = *schwierigste;* **pro dolore** = *leider*; **trimenium, -i n.** = *3 Monate;* **connectio radiotelegraphica f.** = *Funkverbindung;* **commentarium, -i n.** = *Bericht, Notiz;* **breve Adv.** = *kurz;* **semel** = *einmal;* **convenire** = *zustande kommen;* **regio investigandi f.** = *Suchgebiet;* **sui iuris** = *selbständig;* **cellula solaris f.** = *Solarzelle;* **gubernatio –onis f.** = *Steuerung;* **vagare** = *umherstreifen, umherziehen;* fulgēre = *strahlen;* **ex admiratione** = *vor Bewunderung;* **data, datorum n.pl** = *Daten;* **thesaurus, -i m.** = *Schatz;* **fodina, -ae f.** = *Fundgrube;* **risus veteratorius m.** = *wissendes Lächeln;* **decrevit** (v. decrescere) = *abnehmen;* **trochlea, -ae f.** = *Winde;*

Communicator pipiavit. Doctor Spencer invocationem accepit. »Modo de te dico, domine Knight. Ah iam in reditione estis. Optime. Mox sursum veniam. Ita. Interesse volo.« Beate subridens invocationem finivit. »Nunc, liberi, timeo, ne utrumque accipiet: poenam, custodiam, aut quidquid parentes vestrum statuere volunt et laudationem coram colonis convocatis. Praeterea in consilio colonorum decrevimus nonnullas partes praeceptbiorum securitatis tollere. Imprimis omnia, quae ad vos liberos pertinent. Ergo iterum foris exire vobis licet, saltem quamdiu nobis hic constituere licet.« cogitabunde annuit. »Praeceptum stultum fuit. Si non instituissemus, nihil accidisset.«

Elina de diebus cogitavit, quibus in tholo speculandi sederat. Si praecepta non instituta essent robotum haud dubie numquam vidisset. Sed hoc secum tenuit.

Doctor Spencer se ad portam vertit et discedens manum sustulit. »Vobis pollices premo, ut doctor Dejones vos mox dimittat.«

Porta clausa Ronaldinus se ad Elinam vertit. »Quomodo mater tua te puniet?«

Elina umeros micuit. »Aestimo nequaquam. Praeter, ut ea terribile saepe mecum de officionibus et periculis et rebus similibus loquetur. Et tua?«

Ronaldinus gemuit. »Verisimile est me minime totum mensem ‚Ronaldus' nominare.«

Risus splendens omnem tristiam e vulto eius expulsit. »Sed eho, putasne nos vero laudabimur?«

»Fieri potest«, Elina censuit.

»Inflammata non esse videris«.

Elina in vacuum riguit, de momento cogitavit, quo brachium ventilantem viderat, de spe, quae hoc momento excitatur.

---

sursum = *nach oben;* **interesse** = *dabei sein;* **beate Adv.** = *glücklich;* **quidquid** = *was auch immer;* **poena, -ae f.** = *Strafe;* **custodia, -ae f.** = *Hausarrest;* **statuere** = *beschließen;* **laudatio, -onis f.** = *Belobigung;* **coram** = *vor, öffentlich;* **praterea Adv.** = *außerdem;* **tollere** = *aufheben, beseitigen;* **imprimis** = *besonders;* **saltem** = *wenigstens;* **pollex, pollicis m.** = *Daumen;* **gemere** = *seufzen;* **tristitia, -ae f.** = *Traurigkeit;* **inflammatus, -a, -um** = *begeistert;* **in vacuum rigēre** = *ins Leere starren;* **stultissimus, -a, -um** = *blöd;* **terrestris, -e** = *von der Erde;* **gravis, -e** = *wichtig;*

»Revera Marsianos invenire volui, de quibus pater mihi narrabat.« Et de quibus Mars ei narrabat, ubi foris cum planeta sola fuerat. »Nullum robotum stultissimum terrestre per quinquaginta annos hic vagans.«
Ronaldinus eam cogitabundus inspexit. Tum aliquid dixit, quod eam plane stupefecit, »Puto te eos aliquo die invenies, certissime.«
Nunc Elina se ad eum vertit et eum inspexit. Sensit risum in vultu suo apparere. Primus risus ex eo momento in tempestate, qua omnia perdita putabat.
Ronaldinum in planeta Terra natum fuisse vero non grave est. Etiam ei planeta Mars patria est sicut sibi ipsae. Et aliquo modo planeta Mars etiam cum eo colloquitur. Solum fortasse aliter.
»Ita est«, Elina dixit. »Aliquo die eos inveniam.«

---

vagari = herumtreiben

abdere, abdo, abdidi, abditum	verbergen, verstecken
abhinc	von jetzt an, von hier an
abire, abeo, abii, abitum	weggehen
ac	und auch
accidere, accido, accedi acessum	geschehen, passieren
accipere, accipio, accepi, acceptum	aufnehmen, empfangen
accumulatorium, -i n	Ladegerät, Ladestation
accuratus, -a, -um	sorgfältig, genau
accusare, -o, -avi, -atum	beschuldigen, anklagen
acer, acris, acre	scharf, scharfkantig, spitz
acetaria pomorum terrestrium n. pl.	Kartoffsalat
acetaria n. pl.	Salat
actio, -onis f.	Aktion
acus, acus f.	Nadel, Spitze
acutus, -a, -um	scharf, scharfkantig
ad omnes casus	auf alle Fälle
ad tempus	rechtzeitig
adaequare, -o, -avi, -atum	gleichtun, nacheifern
adesse, adsum, adfui	da sein, helfen
adhibēre, -eo, -ui, adhibitum	verwenden, anwenden
adhuc	bis jetzt, immer noch,
adire, adeo, adii, aditum	hingehen, aufsuchen
adiungere, -iungo, -iunxi, -iunctum	anschließen, verbinden
adiuvare, adiuvo, adiuvi, adiutum	helfen
admirari, admiror, admiratus sum	bewundern
admiratio, -onis f.	Bewunderung
admittere, -mitto, -misi, admissum	zulassen, gestatten
admodum	ziemlich
admonēre, -moneo,-monui, monitum	ermahnen, erinnern
admovēre, -moveo, -movi, admotum	heranrücken, näher kommen
adolescere, -lesco, -olevi, adultum	heranwachsen, aufwachsen
adspectare, -specto, -spectavi	anschauen
adspicere, -spicio, -spexi, -spectum	anschauen
adultus, -a, -um	erwachsen
adultus, -i m.	Erwachsener
adumbrare, -o, -avi, -atum	skizzieren
advenire, advenio, advēni, adventum	ankommen
advertere, -verto, -verti, -versum	sich hinwenden
aedficium, -i n.	Bauwerk, Gebäude
aedificare, -o, -avi, -atum	bauen, errichten
aegrotare, -o, -avi, -atum	krank sein
aequare, -o, -avi, -atum	erreichen
aer Martialis m.	Marsatmosphäre
aer, aeris m.	Luft, Atmosphäre

aeroplanum, -i n.	Flugzeug
aestimare, -o, -avi, -atum	schätzen, vermuten
aestimatio, -onis f.	Schätzung, Vermutung
aeterne Adv.	ewig
affigere, affigo, affixi, affixum	anbringen, befestigen
affirmare -o, -avi, -atum	bestätigen, bekräftigen
affuit v. adesse	dasein
agere, ago, egi, actum	machen, tun, betreiben
agitare, -o, -avi, -atum	treiben
albus, -a, -um	weiß
alicubi	irgendwo
alienus, -a -um	fremd
alioqui	ansonsten, überhaupt
aliquando	irgendwann
aliquantulum	ein wenig
aliquis,aliqua,aliquid	irgendwer, irgendwas
aliquo modo	irgendwie
aliquotiens	einige Male, mehrmals
aliter	sonst, anders, andernfalls
alius, -a, -um	ein anderer
altitudine hominis aequans	mannshoch
altitudo, altitudinis f.	Höhe
altus, -a, -um	hoch, tief
mare, -o, -avi, -atum	lieben, mögen
ambo, -ae	beide
ambulare, -o, -avi, -atum	spazieren, gehen
America Australis f.	Südamerika
amica, ae f.	Freundin
amittere, amitto, amisi, amissum	verlieren
amor, -oris m.	Liebe
amplecti, amplector, amplexus sum	umarmen
amplificare, -o, -avi, -atum	verstärken
amplitudo, amplitudinis f.	Weite, Breite
amplus, -a, -um	breit, weit
an	oder
anabathrum, -i n.	Fahrstuhl, Aufzug
andron, andronis m.	Gang, Tunnel, Korridor
angulus oculi m.	Augenwinkel
angulus, -i m.	Winkel
angustus, -a, -um	eng
anhelare, -o, -avi, -atum	keuchen
anima, -ae f.	Seele
animadversio, -onis f.	Beobachtung
animadvertere, -verto, -verti, -versum	wahrnehmen, bemerken
animal, animalis n.	Lebewesen

animus, -i m.	Geist, Stimmung
annales, -ium m. pl.	Geschichtsbücher
annotatio, -onis f.	Ankündigung, Bemerkung
annuere, annuo, annui	zustimmend nicken
annuntiatio	Ankündigung
annus, -i m.	Jahr
ante	vor
antea	bevor
antecedens	vorherige
antequam	bevor
antiquus, -a, -um	alt
antlia, -ae f.	Pumpe
aperire, aperio, aperui, apertum	öffnen
aperte	offensichtlich
apparatura, -ae f.	Gerät
apparēre	erscheinen
appellare, -o, -avi, -atum	nennen, anreden
appellere, appello, appuli, appulsum	landen
applicatio computatralis f.	Computerprogramm
appropinquare, -o, -avi, -atum	näherkommen, sich nähern
appulsus, -a, -um	gelandet
aptus, -a, -um	passend, geeignet
apud	bei
aqua menta f.	Minzwasser
aqua, -ae f.	Wasser
aquae salientes f. pl.	Springbrunnen
aranea, -ae f.	Spinne
araneus, -a, -um	spinnenartig
arcanum, -i n.	Geheimnis
arcanus, -a, -um	geheim
arcessere	holen
ardēre, ardeo, arsi, -	brennen
arena, -ae f.	Sand, Staub
areneus, -a, -um	sandig, staubig
argenteus, -a, -um	silbern, silbrig
arguere, arguo, argui, argutum	argumentieren
argumentum, -i n.	Argument
Ariana	Ariane
armatus, -a, -um	bewaffnet, ausgestattet
ars, artis f.	Kunst
ascendere, -do, -di, ascensum	besteigen, einsteigen
Ascraeus Mons m.	Berg Ascraeus
aspectus, -us m.	Anblick
astronauta, -ae m. /f.	Astronaut
astronauticus, -a, -um	astronautisch

astronavigatio, -onis f.	Raumfahrt
at	aber, dennoch
athleta, -ae f./m.	Sportler/Sportlerin
attemptare,-o, -avi, -atum	versuchen
attende	Pass auf!
attendere, -do, -di, attentum	Acht geben, aufpassen
attentio, -onis f.	Aufmerksamkeit
ttrectare,-o, -avi, -atum	betasten
attributum praecipuum n.	Besonderheit
auctor, auctoris m.	Schriftsteller, Verfasser
audēre, audeo, ausus sum	wagen, riskieren
audire, audio, audivi, auditum	hören
aula, ae f.	Saal
auris, -is f.	Ohr
auscultare, -o, -avi, -atum	zuhören
australis, e	südlich
aut...aut	entweder ...oder
autem	aber, dennoch
automatice Adv.	automatisch, selbständig
auxilium, -i n.	Hilfe
avehere, aveho, avexi, avectum	wegfahren
avia, -ae f.	Großmutter, Oma
aviator, aviatoris m.	Pilot
avolare, -o, -avi, -atum	davonfliegen
balalaica, ae f.	Balaleika
basiare, -o, -avi, -atum	küssen
basilica, -ae f.	Markthalle
beate Adv.	glücklich
bene Adv.	gut
beneficium, -i n.	Wohltat
benigne Adv.	sanft
benignus, -a, -um	freundlich
bestiolae molestiae f. pl.	Ungeziefer
bonus, -a, -um	gut
brachia iactare	mit den Armen fuchteln
brachium, -i n.	Arm
breve Adv.	kurz
brevissime Adv.	ganz kurz
breviter Adv.	kurz
bulla, -ae f.	Blase
bullatus, -a, -um	blasenförmig
cadere, cado, cecidi	fallen
caelum, -i n.	Himmel
calamitas, -atis f.	Unfall, Unglück
calculare, -o, -avi, -atum	berechen

calefacere, -facio, -feci, -factum	heizen, wärmen
calidus, -a, -um	warm
caliga, -ae f.	Stiefel
callidus, -a, -um	schlau
calor, -oris m.	Wärme
camera, -ae f.	Kamera, Kammer
camisia, -ae f.	Hemd
campionatus, -us m.	Meisterschaft
canere, cano, cecini, cantatum	singen, spielen
cano-fusco	grau-braun
cantare, -o, -avi, -atum	singen
canthus, -us m.	Reifen
canus-fuscus	grau-braun
capere, capio, cepi, captum	nehmen, fassen
capillus, -i m.	Haar
capitulum, -i n.	Kapitel
caput, capitis n.	Kopf
Carolus, -i m.	Karl
cassis, cassidis f.	Helm
casu extremo	im Notfall
casus extremus m.	Notfall
cataracta, -ae f.	Schleuse
catinus, -i m.	Teller
causa, -ae f.	Grund
caute Adv.	vorsichtig
cavea, -ae f.	Höhle
caverna, -ae f.	Gewölbe
celebratio, -onis f.	Feier
celer, celeris, celere	schnell
celeritas, -atis f.	Geschwindigkeit
cella cataractae f.	Schleusenkammer
cella, -ae f.	Lagerraum, Vorratskammer
cellula solaris f.	Solarzelle
cellula, -ae f.	Zelle
cena, ae f.	Mahlzeit, Essen
cenare, -o, -avi, -atum	speisen, essen
censēre, censeo, censui, censum	meinen
centum	hundert
certe Adv.	sicher
certiorem facere	jdn. Informieren
certus, -a, -um	sicher
cessare, -o, -avi, -atum	zögern
ceteri, ceterae	übrigen
chartographare, -o, -avi, -atum	kartografieren
chiliometrum n.	Kilometer

cibaria, -ae f.	Lebensmittel
cicatrix, cicatricis f.	Narbe
cincinnatus, -a, -um	gelockt
cincinnatus, -i m.	Lockenkopf
cinematographicus, -a, -um	Film-, Kino-
circa	ungefähr
circum	um … herum,
circumagitare, -o, -avi, -atum	herumkommandieren
circumambulare, -o, -avi, -atum	herumgehen
circumattrectare, -o, -avi, -atum	herumtasten
circumerrare,-o, -avi, -atum	umherirren
circumiecta, -orum n. pl.	Umwelt
circumiectus, -us m.	Umwelt
circumire, -eo, -ii, -itum	herumgehen, umgehen
circumscalpere, -o, -psi, -scalptum	herumstochern
circumspectare, -o, -avi, -atum	umherschauen
circumvolare, -o, -avi, -atum	umherfliegen
cirratus, -a, -um	gelockt
cirratus, -i	Lockenkopf
cito	schnell
clamare, -o, -avi, -atum	rufen
clarissime	ganz deutlich
clarus, -a, -um	klar, deutlich
claudere, claudo, clausi, clausum	(ein)schließen
claudicare, -o, -avi, -atum	hinken
clivus, -i m.	Abhang
cochlear, cochlearis n.	Löffel
coclea, -ae f.	Wendeltreppe
coemeterium, -i n	Friedhof
coepit (Perf. v. incipere)	anfangen
cogitabilis, -e	denkbar
cogitabundus, -a, -um	gedankenversunken
cogitare, -o, -avi, -atum	denken, bedenken
cogitatio, -onis f.	Überlegung, Erkenntnis
cognitio, -onis f.	Erkenntnis, Einsicht
Cognoscere, -o, -novi, cognitum	kennenlernen
colere, colo, colui, cultum	pflegen, verehren, anbauen
collabi, collabor, collapsus sum	zusammenbrechen
collega, -ae m./f.	Kollege/ Kollegin
colligere, colligo, collegi, collectum	einsammeln, aufsammeln
collocare, -o, -avi, -atum	aufstellen, errichten
colloqui, colloquor, collocutus sum	reden, unterhalten
colonia Martialis f.	Marskolonie
colonia, -ae f.	Kolonie
coloniensis, -e	der Kolonie

colonus, -i m.	Siedler
color, coloris m.	Farbe
coloris pallidi	von blaßgelber Farbe
combustio e frigore f.	Erfrierung
combustio, -onis f.	Verbrennung
comitari, comitor, comitatus sum	begleiten
commentarium, -i n.	Notiz, Bericht, Protokoll
commovēre, -moveo, -movi , -motum	bewegen
communicator, -oris m.	Kommunikator (Sprechgerät)
comparare,-o, -avi, -atum	besorgen, verschaffen
complēre, -pleo, -plevi, -pletum	anfüllen, vollmachen
completus, -a, -um	vollständig
complexus, -,a- um	kompliziert
comprehendere, -do, -di, -hensum	verstehen
omputare, -o, -avi, -atum	berechnen
computatralis, -e	Computer-
computatrum, -i n.	Computer, Rechner
computatrum Martiale n.	Marsrechner
conari, conor, conatus sum	versuchen
concedere, -cedo, -cessi, -cessum	zugeben, eingestehen
concilium, -i n.	Rat, Ratsversammlung
conclamatio, -onis f.	Alarm
conclave scholare n.	Klassenzimmer
conclave, -is n.	Zimmer
concussio, -onis f.	Schock, Erschütterung
condicio originalis f.	Originalzustand
condicio, -onis f.	Bedingung
condiciones circumiectorum f.	Umweltbedingungen
conficere, -ficio, -feci, -fectum	herstellen, erledigen
confidere, confido, confisus sum	vertrauen
confirmare, -o, -avi, -atum	bestätigen, bekräftigen
confiteri, confiteror, confessus sum	zugeben, gestehen
conflictio, -onis f.	Konflikt
congregare, -o, -avi, -atum	versammeln
conicere, conicio, conieci, coniectum	schleudern, werfen
coniungere, -go, -xi, -iunctum	anschließen, verbinden
connectio radiotelepgraphica f.	Funkverbindung
connectio, -onis f.	Verbindung
connexio radiotelegraphica f.	Funkverbindung
consecutio, -onis f.	Folge, Konsequenz
conservare, -o, -avi, -atum	bewahren, retten, sichern
considere, -sido, -sedi, -sessum	sich hinsetzen, Platz nehmen
consilium, -i n.	Plan, Beschluß
consistere, consisto, constiti	stehen bleiben, anhalten
conspectus, -us m.	Blick, Sicht

constanter	ständig
constituere, -stituo, -stitui, -stitutum	beschließen
construere, -struo, -struxi, -structum	konstruieren, errichten
consultare, -o, -avi, -atum	beraten
consumere, -sumo, -sumpsi,	brauchen, verbrauchen
contemnere, -temno, -tempsi	verachten
continēre, -tineo, -tinui, -tentum	enthalten
continuare, -o, -avi, -atum	fortsetzen
contio, -onis f.	Ansprache
contra	entgegen, gegenüber
contradicere, -dico, -dixi, -dictum	widersprechen
contrahere, -traho, -traxi, -tractum	zusammeziehen, runzeln
contrario	im Gegenteil
contrectare, -o, -avi, -atum	abtasten
contumelia, -ae f.	Beleidigung, Beschimpfung
conus, -i m.	Kegel
convenire, -venio, -veni, ventum	treffen, begegnen
convicium, -i n	Standpauke
convocare, -o, -avi, -atum	zusammenrufen
cor, cordis n.	Herz
coram	vor, in Gegenwart von
corbis, -is f.	Korb
cordi esse	am Herzen liegen
Coreanus, -a, -um	koreanisch
corpus, corporis n.	Körper
cosmicus, -a, -um	Weltraum-
cottidianus, -a, -um	alltäglich
crassus, -a, -um	dick
crater, crateris m.	Krater
creare, -o, -avi, -atum	hervorbringen
credere, credo, credidi, creditum	glauben
crepitare, -o, -avi, -atum	knurren, knirschen
crescere, cresco, crevi, cretum	wachsen
crus, cruris n.	Bein, Schenkel
crusta ulceris f.	Schorf
crusta, -ae f.	Kruste
crustulum, -i n.	Plätzchen
Crysia Planum	Crysia Ebene
cubile, -is n.	Lager
culpa, -ae f.	Schuld
cultus, -us m.	Zivilisation
cunae, cunarum f.	Wiege
cunctans	zögernd
cur	warum
curatio, -onis f.	Wartung

currere, curro, cucurri, cursum	rennen, laufen
custodia, -ae f.	Hausarrest
custodire, -io, -ivi, custoditum	überwachen
Cydonia	Cydonia
cyperneticus, -a, -um	Kybernetik-
damnatum	verdammt
dare, do, dedi, datum	geben
data caeli n.	Wetterdaten
data, datorum n. pl.	Daten
debere, debeo, debui, debitum	müssen
decem	zehn
decernere, -cerno, -crevi, -decretum	entscheiden
decimus, -a, -um	zehnte
decrescere, decresco, decrevi	abnehmen, abschwächen
decretus , a-, -um	bestimmt
deesse, desum, defui	fehlen
defectus, -a, -um	kaputt
efendere, -fendo, -fendi, defensum	verteidigen, abwehren
defessus, -a, -um	erschöpft
deficere, -ficio, -feci, -fectum	abnehmen, abschwächen
deficiendum non erat	er durfte nicht versagen
definitus, -a, -um	festgesetzt, bestimmt
deflere, defleo, deflevi, defletum	sich ausweinen
deicere, deicio, deieci, deiectum	abwerfen, hinunterwerfen
Deimos	Deimos (einer der 2 Marsmonde
deinde	danach, schließlich
DeJones	Dejones
delabi, delabor, delapsus sum	herabfallen, herabsinken
delēre, deleo, delevi, deletum	zerstören
deliberare, -o, -avi, -atum	überlegen, bedenken
delineamentum, -i n.	Skizze, Zeichnung
delineare, -o, -avi, -atum	zeichen
deminuere, -minuo, -minui, -minutum	abschwächen, vermindern
demittere, -mitto, -misi, -missum	hinablassen, senken
demum	erst
denique	schließlich, endlich
densus, -a, -um	dicht
deorsum	nach unten
dependēre, dependeo	abhängen
deponere, -pono, -posui, depositum	abstellen, ablegen
deprehensus, -a, -um	gefangen
depressus, -a, -um	gedrückt, gedämpft
depsere, depso, depsui, depstum	kneten
deridēre, -rideo, -risi, -risum	verspotten, verlachen
descendere, -do, -di -descensum	aussteigen, hinabsteigen

describere, -scribo, -scripsi, scriptum	beschreiben
desertum	Wüste
desertus, -a, -um	verlassen, wüst
desiderare, -o, -avi, -atum	vermissen, ersehnen
desilire, -io, -ui , desultum	hinabspringen, herunterspringen
desperatus, -a, -um	verzweifelt
destinatus, -a, -um	bestimmt, festgesetzt
destruere, -struo, -struxi, -structum	abbauen, entfernen
desuper	von oben
detegere, -tego, -texi, -tectum	entdecken
deterior, deterius	schlechter, schlimmer
detrimentum, -i n.	Schaden, Nachteil
deus, -i m.	Gott
devorare, -o, -avi, -atum	schlucken, schlingen
dexter, dextra, dextrum	rechter, rechte
dextorsum	rechts
dicere, dico, dixi, dictum	sagen, reden
dictator, -oris m.	Diktator
dies, diei f.	Tag
difficilis, -e	schwierig, schwer
difficultas, -atis f.	Schwierigkeit
diffundere, -fundo, -fudi, -fusum	sich ausbreiten
digitabulum, -i n.	Handschuh
digitus, -i m.	Finger
digne Adv.	würdig
diligenter	sorgfältig
diligentius	genauer, sorgfältiger
dimidium, -i n.	Hälfte
dimidius, -a, -um	halb
Dimitri	Dimitri
dimittere, -mitto, -misi, -dimissum	entsenden
directio, -onis f.	Richtung
dirigere, -rigo, -rexi, -rectum	richten, heften
discedere, -cedo, -cessi, -cessum	weggehen, auseinandergehen
discere, disco, didici	lernen
discrimen, -inis n.	Gefahr, gefährliche Lage
disputare, -o, -avi, -atum	diskutieren, erörtern
dissecare, -seco, -secui, -sectum	aufschneiden
dissilire, -silio, -silui, -sultum	(zer)springen, platzen,
distantia, -ae f.	Entfernung
distare, disto, distiti	entfernt sein
distorquēre, -torqueo, -torsi, -tortum	verziehen
diu Adv.	lange
divellere, divello, divulsi, divulsum	zerreißen
dividere, divido, dividi, divisum	teilen

docēre, doceo, docui, doctum	lehren
doctor, -oris m.	Doktor
doctrina, -ae f.	Lehre, Lehrmeinung
documentum, -i n.	Dokument
dolēre, doleo, dolui	schmerzen, weh tun
dolium, -i n.	Faß
dolium abundat	das Faß läuft über
domina, -ae f.	Frau
dominicalis, -e	sonntäglich
dominus, -i m.	Herr
donec	bis
dorsualis, -e	auf dem Rücken
dubitare, -o, -avi, -atum	zögern, zweifeln
dubium, -i n.	Zweifel
ducenti, -ae, -a	zweihundert
ducere, duco, duxi, ductum	führen
dum	während, solange
Dumelle	Dumelle
duo, duae, duo	zwei
duodecimas	dutzende
durare, -o, -avi, -atum	dauern
dure Adv.	hart
e sententia eius	nach seiner Meinung
e, ex	aus, seit
ecce	sieh da, schau
educatio, -onis f.	Ausbildung, Erziehung
educere, educo, eduxi, eductum	aufziehen, großziehen
efficere, efficio, effeci, effectum	bewirken, erreichen, schaffen
effossio, -onis f.	Ausgrabung
effugere, effugio, effugi	entkommen
effundere, -fundo, -fudi, -fusum	vergießen
egēre, egēo, egui	brauchen, bedürfen
eho	he, hör mal,
elaborare, -o, -avi, -atum	ausarbeiten
electricus, -a, -um	elektrisch
Elina, -ae f.	Elina
emanare, -o, -avi, -atum	herausströmen
eminēre, emineo, eminui	hervorragen
emissio, -onis f.	Entsendung
emittere, emitto, emisi, emissum	ausschicken, aussenden
energia, -ae f.	Energie
eo	dorthin
epitonium, -i n.	Schalter
ergo	also
eruditio cybernetica f.	Cybernetik-Ausbildung

eruditio, -onis f.	Ausbildung, Erziehung
erumpere, -rumpo, -rupi, -ruptum	ausbrechen
esse, sum, fui	sein
etiam	auch
etiamsi	auch wenn
etsi	und wenn
Europaeus, -a, -um	europäisch
evanescere, -evanesco, evanui	verschwinden
evenire, evenio, eventum	geschehen, passieren
evertere, everto, everti, eversum	umstoßen
evolare, -o, -avi, -atum	enteilen
ex consuetudine	normalerweise, gewöhnlich
excedere, -cedo, -cessi, -cessum	verlassen, hinausgehen
excitare, -o, -avi, -atum	wecken
exclamare, -o, -avi, -atum	ausrufen
excludere, -cludo, -clusi, -clusum	ausschließen
excursio, -onis f.	Ausflug
excusare , -o, -avi, -atum	entschuldigen
excusatio, -onis f.	Entschuldigung, Ausrede
exempli gratia	zum Beispiel
exemplum, -i n.	Beispiel
exercēre, -erceo, -ercui, -exercitum	trainieren
exercitatio, -onis f.	Übung, Training
exercitatio roboris f.	Krafttraining
exesus, -a, -um	zerfressen
exhaurire, -haurio, -hausi, -hausum	aussaugen
exire, exeo, exii, exitum	hinausgehen
existentia, -ae f.	Existenz
exornare, -o, -avi, -atum	ausstatten
expeditio, -onis f.	Expedition, Erkundung
expellere, -pello, -puli, pulsum	vertreiben
exploratio, -onis f.	Erkundung, Erforschung
explicare, -o, -avi, -atum	erklären
exsilire, exsilio, exsilui, exsultum	aufspringen
exspectare, -o, -avi, -atum	warten, erwarten
exstinguere, -stinguo, -stinxi	löschen, ausschalten
exsultare, -o, -avi, -atum	jubeln
externus, -a, -um	äußere
extra	außerhalb
extremus, -a, -um	äußere, letzte
extundere, -tundo, -tusi, extusum.	herausschlagen
fabricator, -oris m.	Hersteller
fabula, -ae f.	Geschichte
fac!	los!, mach!
facere, facio, feci, factum	machen, tun

facies, faciei f.	Gesicht
factum, -i n.	Tatsache, Tat
facultas, -atis f.	Möglichkeit
falsus, -a, -um	falsch-
fari, for, fatus sum	sprechen
Fata Morgana, -ae f.	Fata Morgana, Trugbild
fatum, -i n.	Schicksal
feliciter	glücklich
femina, -ae f.	Frau
fenestra, -ae f.	Fenster
fere	fast
ferrarius, -i m.	Schmied
ferre, fero, tuli, latum	tragen, bringen
ferus, -a, -um	wild
fervēre, ferveo, fervi	kochen
fessus, -a, -um	müde
festinare, -o, -avi, -atum	eilen, beeilen
festum vespertinum m.	Abendfest
festum, -i n.	Fest
fictus, -a, -um	ausgedacht, erfunden
fieri, fio, factus sum	werden, geschehen
figura, -ae f.	Gestalt
fingere, fingo, finxi, fictum	sich ausdenken
finire, finio, finivi, finitum	beenden, begrenzen
finis, is f.	Ende, Grenze
flare, flo, flavi, flatum	wehen
flavus, -a, -um	blond
flectere, flecto, flexi, flexum	biegen
fodere, fodio, fodi, fossum	graben, ausheben
fodina, -ae f.	Fundgrube
folia, -ae f.	Folie
follis canistri m.	Baseball
follis, -is f.	Ball
fons, fontis m.	Quelle
foramen, -inis n.	Loch
foras	nach draußen
forceps, forcipis m./f.	Zange
foris	draußen
formam habere	aussehen
formare, -o, -avi, -atum	bilden, formen
formatio, -onis f.	Gestaltung
fortasse	vielleicht
fortis, -e	tapfer, stark
fortunate Adv.	glücklicherweise
forum,-i n.	Marktplatz

fossa, ae f.	Grube
fovea, -ae f.	Grube
fragmenta saxorum n. pl.	Felstrümmer
fragmentum, -i n.	Bruchstück
frangere, frango, fregi, factum	zerbrechen
frater, fratris m.	Bruder
fremere, fremo, fremui, fremitum	brummen
frequentius	häufiger, öfter
fricare, frico, fricuit	reiben
frigidus, -a, -um	kalt
frigus, frigoris n.	Kälte
frons, frontis f.	Stirn
fulgēre, fulgeo, fulsi	glitzern, strahlen
fulmen, fulminis n.	Blitz
funda camisiae f.	Hemdtasche
funda externa f.	Außentasche
funda, -ae f.	Tasche
funditus Adv.	im Grunde
fundus Martialis m.	Marsboden
fundus, -i m.	Boden
fuscus, -a, -um	braun
gallina, -ae f.	Huhn
gasum, -i m.	Gas
gaudēre, gaudeo, gavisus sum	sich freuen
gemere, gemo, gemui, gemitum	seufzen
gemitus, -us m.	Seufzer
gena, -ae f.	Wange
genius, -ii m.	Genie
genu, -genus n. (pl = genua)	Knie
genus humanum n.	Menschheit
genus, generis n.	Art, Geschlecht
gerere, gero, gessi, gessum	tragen, sich betragen
gestus abiciens m.	wegwerfende Bewegung
gigas, gigantis m.	Riese
glarea, -ae f.	Kies
glareosus, -a, -um	kiesbedeckt
glomus, -i m.	Ballen
gradus, -us m.	Schritt
granum pulveris n.	Sandkorn
granum, -i n.	Korn
gratias agere	danken
gravis, -e	schwer, wichtig
gravitas, -atis f.	Schwerkraft
gubernaculum, -i n.	Steuerung
gubernare, -o, -avi, -atum	steuern, lenken

gubernator, -oris m.	Fahrer
habēre, habeo, habui, habitum	haben
habitatio, -onis f.	Behausung, Wohnung
haerēre, haereo, haesi,	hängenbleiben
haud dubie	zweifellos
hemisphaeria, -ae f.	Halbkugel
herba, -ae f.	Gras
hereditare, -o, -avi, -atum	erben
heri	gestern
hesterno die	gestrige Tag, gestern
heus!	hallo, hör mal, heda
hic, haec, hoc	dieser, diese, dieses
hodie	heute
homo, hominis m.	Mensch
hora, -ae f.	Stunde
horizon, horizontis m.	Horizont
horologium, -i n.	Uhr
horribilis, -e	gruselig
horridus, -a, -um	schrecklich
huc illic	hierhin, dorthin
humanus, -a, -um	menschlich
humi	auf den Boden
hydraulicus, -a, -um	hydraulisch
iacēre, iaceo, iacui	liegen
iacere, iacio, ieci, iactum	werfen
iactare, -o, -avi, -atum	fuchteln
iam	schon
ibi	dort
icere, icio, ieci, iectum	schlagen, treffen
id temporis	in dem Augenblick, rechtzeitig
idea, ideae f.	Idee
idem, eadem , idem	derselbe, dieselbe
ientaculum, -i n.	Frühstuck
ignis, is f.	Feuer
ille, illa, illud	jener, jene, jenes
illucescere, illucesco, illuxi	aufleuchten, aufscheinen
imaginari, imaginor, imaginatus sum	sich vorstellen
imago, imaginis f.	Bild
imminēre, immineo, imminui	emporragen, hervorragen
immobilis, -e	unbeweglich
immodestus, -a, -um	übertrieben
impatiens, impatientis	ungeduldig
impedimentum, -i n.	Hindernis
impedire, -dio, -divi, -ditum	behindern
impermisse Adv.	unerlaubt

impilia, -orum n. pl.	Socken
implectere, implecto, implexi	verflechten, verschränken
implēre, implevi, impletum	anfüllen
implicare, -o, -avi, -atum	zusammenfalten, einwickeln
imponere, -pono, -posui, impositum	aufsetzen
impossibilis, -e	unmöglich
impressio, -onis f.	Abdruck
imprimis Adv.	besonders
improbus, -a, -um	gemein
imum	auf den Boden
in genu nitens	kniend
in genua procumbere	auf die Knie fallen
in mentem inducere	sich in den Kopf setzen
in occidente coloniae	im Westen der Kolonie
in vicino	aus der Nähe
incendere, -cendo, -cendi, incensum	einschalten, entzünden
incerte Adv.	unschlüssig, unsicher
incitare, -o, -avi, -atum	hervorrufen, erregen, antreiben
inclinare, -o, -avi, -atum	sich beugen
includere, includo, inclusum	einschließen
incolere, incolo, incolui, incultum	bewohnen, besiedeln
incredibilis, -e	unglaublich
increpare, -o, -avi, -atum	anherrschen, anschnauzen
incubo, incubonis m.	Kobold
incurrere, -curro, -curri, -cursum	hineingeraten, hineinlaufen
indagator, -oris m.	Forscher, Entdecker
index, indicis n.	Liste
indicare, -o, -avi, -atum	anzeigen
indicium, -i n.	Hinweis
indignatio, -onis f.	Entrüstung, Empörung
induere, induo, indui, indutum	anziehen, anlegen
indulgēre, -dulgeo, -dulsi, -dultum	sich hingeben, nachhängen
infans, infantis	Kleinkind, Baby
infeliciter	unglücklich
infercire, infercio, infersi, infersum	hineinstopfen
infinitus, -a, -um	endlos
infirmus, -a,-um	krank, schwach
infirmus, -i m.	der Kranke
inflammatus, -a, -um	begeistert
infra	unterhalb
ingenium,-ii n.	Begabung
ingens, igentis	gewaltig, mächtig
ingravescere, -gravesco,	zunehmen, verschlimmern
inicere, inicio, inieci, iniectum	hineinwerfen
initio Adv.	anfangs, ursprünglich

inlacerabilis, -e	unzerreißbar, unzerstörbar
inmensurabilis, -e	unmeßbar
innoxius, -a, -um	unschädlich, harmlos
innuere, innuo, innui	zuwinken
inopinato Adv,	unerwaret
inops, inopis	hilflos
inquietus, -a, -um	unruhig
inquirere, -quiro, -quesivi, -quisitum	nachforschen, nachsehen
inquit	er, sie, es sagt(e)
insanire, insanio, insanivi, insanitum	verrückt werden
insanus, -a, -um	verrückt
inscribere, -scribo, -scripsi, -scriptum	aufschreiben
inscriptio, -onis f.	Aufschrift, Überschrift
insequi, insequor, insecutus sum	auf der Spur sein,
insidians, insidiantis	lauernd
insistere, insisto, institi	beharren
inspicere, -spicio, -spexi, -spectum	betrachten, hineinschauen
instituere, instituo, institui, institutum	erlassen, einrichten
institutio, -onis f.	Unterricht, Einrichtung
instructio, -onis f.	Anweisung
instruere, instruo, instrui, instructum	aufstellen, einrichten
instrumentum, -i n.	Gerät, Instrument
insultus, -us m.	Anfall
insusurrare, -o, -avi, -atum	einflüstern
intellegere, intellego, intellexi,	verstehen, einsehen
inter	zwischen, unter
interdum	manchmal
interea	inzwischen
intericere, -icio, -ieci, interiectum	einwerfen, einmischen
interim Adv.	inzwischen, einstweilen
interminus, -a, -um	unbegrenz, unendlich
internationalis, -e	internationals
internus, -a, -um	innere
intervallum	Entfernung, Abstand
intra	drinnen, innen
intrare, -o, -avi, -atum	eintreten, betreten
intus	innen, drinnen
inutilis, -e	unnötig
invadere, invado, invasi, invasum	eindringen
invalidus, -a, -um	schwach
invasor, -oris m.	Eindringling
invenire, invenio, inveni, inventum	finden
inventio, inventionis f.	Fund
investigare, -o, -avi, -atum	erforschen, untersuchen
investigatio, -onis f.	Forschung

investigator, -oris m.	Forscher, Entdecker
invite	unwillig
invito	ungewollt
invocare, -o, -avi, -atum	anrufen
invocatio, -onis f.	Anruf
involvere, -volvo, -volvi, -volutum	einwickeln
ipse, ipsa, ipsud	selbst, persönlich
irasci, irascor, iratus sum	zornig werden
ire, eo, ii, itum	gehen
irruere, irruo, irrui	hineinstürzen
is, ea, id	der, die, das
iste, ista, istud	der da, die da, das da
istinc	von dort, von da
ita	so
itaque	deshalb
iter ultimum	die letzte Reise
iter, itineris n.	Weg, Reise
iterare, -o, -avi, -atum	wiederholen
iterum	wieder
iterum iterumque	immer wieder
iubere, iubeo, iussi, iussum	befehlen
iucundus, -a, -um	angenehm
ius, iuris n.	Recht
iuxta	neben
Jeffersonius, -a, -um	Jefferson-
Katharina	Katharina
Kim	Kim
Knight	Knight
labefacere, labefacio, labefeci	erschüttern
labi, labor, lapsus sum	ausrutschen
labor, laboris m.	Arbeit
laborare, -o, -avi, -atum	arbeiten
laboratorium, -i n.	Labor
laboriose Adv.	mühsam
labrum, -i n.	Lippe
labyrinthus, -i	Labyrinth
lacrima, -ae f.	Träne
lacrimosus, -a, -um	tränenreich
laetus, -a, -um	fröhlich
lagoena, -ae f.	Flasche
lamina ferrea f.	Eisenblech
lapillus, -i m.	Steinchen
lapis, lapidis m.	Stein
latibulum, -i n.	Versteck
latus, -a, -um	breit

laudare, laudo, laudavi, laudatum	loben
laudatio, -onis f.	Belobigung, Lob
lectio, -onis f.	Lektion
lectus, -i m.	Bett
lente Adv.	langsam
levare, -o, -avi, -atum	hochziehen
lex, legis f.	Gesetz
libellus commentariorum m.	Protokollbuch
libellus, -i m.	Heft
libenter	gern
liberare, -o, -avi, -atum	befreien
liberatio curationis f.	Wartungsfreiheit
liberatio, -onis f.	Befreiung
libere Adv.	frei
liberi Martiales m.	Marskinder
libertas, libertatis f.	Freiheit
librare, -o, -avi, -atum	balancieren
licēre, licet	erlaubt sein, es ist erlaubt
linea, -ae f.	Linie, Strick
litigare, -o, -avi, -atum	zanken, streiten
locus, -i m.	Ort, Stelle
longe lateque	weit und breit
longitudo, -inis f.	Länge
longus, -a, -um	lang
loqui, loquor, locutus sum	reden, sprechen, unterhalten
lucēre, luceo, luxi	leuchten, scheinen
lucernula, -ae f.	Lämpchen
ludere, ludo, lusi, lusum	spielen
lugēre, lugeo	trauern, betrauern
luna, -ae f.	Mond
Lunae Martis f.	Marsmonde
lutum, -i n.	Schlamm, Dreck, Kot
lux, lucis f.	Licht
machina diagnostica f.	Diagnosegerät
machina sufflandi f.	Gebläse
machina, -ae f.	Maschine
machinalis, -e	maschinell
maerēre, maereo, maerui	trauern, betrauern
magis	mehr
magistratus astronauticus m.	Raumfahrtbehörde
magistratus, -us m.	Behörde
magnus, -a, -um	groß
maior, maioris	älter
male	schlecht
maledictum	verdammt

malum, -i n.	Apfel
manducare, -o, -avi, -atum	kauen
mane	Morgen, morgens
manēre, maneo, mansi	bleiben
manometrum, -i n.	Manometer, Druckmesser
manualis, -e	mit der Hand
manus, -us f.	Hand
mare, maris n.	Meer
margo, marginis f.	Rand, Kante
maritus, -i m.	Ehemann
Mars, Martis m.	Mars
Marsianus, -i m.	Marsianer, Marsbewohner
Martialis, -e	Mars-
mater, matris f.	Mutter
materia, -ae f.	Material
maturare, -o, -avi, -atum	beeilen
maxime	äußerste, am meisten
media n. pl.	Medien
mediatheca, -ae f.	Mediathek
medium, -i n.	Mitte, Zentrum
medius, -a, -um	mittlere
megaphonum, -i n.	Lautsprecher
melior, melior, melius	besser
membrum, -i n.	Mitglied
memoria, -ae f.	Erinnerung, Andenken
memoriter	auswendig
mendicare , -o, -avi, -atum	betteln
mens, mentis f.	Geist, Sinn, Verstand
mensa dapifera f.	Büffet
mensa, -ae f.	Tisch
mensio, -onis f.	Messung
mensis, -is m.	Monat
mensura, -ae f.	Messung
mentum, -i n.	Kinn
merda, -ae f.	Mist, Scheiße
meridianus, -a, -um	südlich
meridionalis, -e	südlich
metallicus, -a, -um	metallisch, aus Metall
micare, mico, micui, micatum	zucken
microphonum, -i n.	Mikrofon
milies	tausendmal
milliarda, -ae f.	Milliarde
minime	keineswegs
minus minusque	immer weniger
minuta, -ae f.	Minute

minutissimus, -a, -um	winzig
miraculum, -i n.	Wunder
miro modo	seltsamerweise
mirus, -a, -um	seltsam
missio, -onis f.	Entsendung, Schickung
mittere, mitto, misi, missum	schicken, werfen
mobilis, -e	beweglich
modo	angenommen, vorausgesetzt
modo Adv.	nur
modus, -i m.	Art, Weise
molestus, -a, -um	beschwerlich, lästig
momentum, -i n.	Moment, Augenblick
monēre, moneo, monui, monitum	mahnen, ermahnen
monitorium, -ii n.	Monitor
mons, montis m.	Berg
monstrare, , -o, -avi, -atum	zeigen
mora, -ae f.	Aufenthalt
morbus, -i m.	Krankheit
mori, morior, mortuus sum	sterben
mors, mortis f.	Tod
mortuus, -a, -um	tot
Moscua, -ae f.	Moskau
motus, -us m.	Bewegung
movēre, moveo, movi, motum	bewegen
mox	bald
muliebris, -e	rundlich, mütterlich
multus, -a, -um	viel
Mumbai, -orum pl.	Bombay
mundus, -i m.	Welt
murmurare, -o, -avi, -atum	murmeln
mutare, -o, -avi, -atum	verändern
mutatio, -onis f.	Veränderung
mutatrum, -i n.	Schalter
mythicus, -a, -um	mythisch, sagenhaft
nam	denn
narrare, -o, -avi, -atum	erzählen
narratio , -onis f.	Erzählung
natalicium, -i n.	Geburt
natalicius, -a, -um	Geburts-
natare, -o, -avi, -atum	schwimmen
natus, -a, -um	geboren
navicula appellendi f.	Landefähre
navicula, -ae f.	Fähre
navis, -is f.	Schiff
ne	Fragepartikel (nicht übersetzen)

nebula, -ae f.	Nebel, Rauch
necare, neco, necavi, necatum	töten
necesse est	es ist nötig
necessitas, -atis f.	Dringlichkeit
necne	oder nicht
neglegens	achtlos, nachlässig
neglegere, neglego, neglexi	vernachlässigen
negotium, -i n.	Beschäftigung, Aufgabe
nemo, neminis m.	niemand
nempe	doch
nequaquam	gar nicht, überhaupt nicht
nequoquam	nirgendwohin
nescire, nescio, nescivi	nicht wissen
nictare, -o, -avi, -atum	blinzeln
nihil	nichts
nihil mihi interest	interessiert mich nicht
nimis periculosus	zu gefährlich
nolle, nolo, nolui	nicht wollen
nomen, nominis n.	Name
nominare, -o, -avi, -atum	nennen
non oportuit	es durfte nicht
nondum	noch nicht
nonne	denn nicht
nonulli, -ae, -a	einige
noster, nostra, nostrum	unser
notare, -o, -avi, -atum	notieren
notus, -a, -um	bekannt
novisse	kennen
novus, nova, novum	neu
nox, noctis f.	Nacht
noxius, -a, -um	schädlich
nubes, -is f.	Wolke, Nebel,
nudus, -a, -um	nackt
nuere, nuo, nui	nicken
nullo pacto	keinesfalls
nullus, -a, -um	kein
num	ob
numerare, -o, -avi, -atum	zählen
numerus, numeri m.	Zahl, Anzahl
nummus, -i m.	Münze
numquam	niemals
nunc	nun
nuntiare, -o, -avi, -atum	verkünden
obire, obeo, obii, obitum	entgegengehen
oblique	schräg, quer

oblivisci, obliviscor, oblitus sum	oblitus sum
oblongus, -a, -um	länglich
obruere, obruo, obrui, obrutum	zuschütten
observare, -o, -avi, -atum	beachten, überwachen
obstare, obsto, obstiti, obstatum	im Wege stehen
obstinate Adv.	hartnäckig, entschlossen
obstinatus, -a, -um	hartnäckig, entschlossen
occasus, -us m.	Untergang
occultare, -o, -avi, -atum	verbergen
occupatus, -a, -um	beschäftigt
octangulus, -a, -um	achteckig
octo	acht
oculis defixis	die Augen fest gerichtet
oculus, -i m.	Auge
officialis, -e	offiziell
officina, -ae f.	Werkstatt
officio, -onis f.	Pflicht
officium deficere	seinen Dienst versagen
olim	einst
omittere, omitto, omisi, omissum	aufgeben, fallenlassen
omnia n. pl.	alles
omnino Adv.	überhaupt
omnis, -e	jeder, alle
opera	Arbeit, Mühe
operculum, -i n.	Deckel
oppidum, -i n.	Stadt
opticus, -a, -um	optisch
optio, -onis f.	Option, Möglichkeit
opus	Werk
opus est	es ist nötig
opusculum, -i n.	hier: Handgriff
orare, -o, -avi, -atum	bitten
oriens, orientis	aufgehend, östlich
originalis, -e	original
origo, originis f.	Ursprung, Herkunft
oriri, orior, ortus sum	aufgehen, entstehen
ornamentum, -i n.	Schmuckstück
ortus, -us m.	Aufgang
os, oris n.	Mund
ostendere, ostendo, ostendi	zeigen
oxygenium, -i n.	Sauerstoff
pactum	Vertrag, Absprache
palatium, -i n.	Palast
pallidus, -a, -um	blaßgelb
panis, -is m.	Brot

parare, -o, -avi, -atum	bereiten, vorbereiten
parentes, -ium m. pl	Eltern
parēre, pareo, parui	gehorchen
paries, parietis m.	Wand
pars aversa f.	Rückseite
pars, partis f.	Teil
parvula, -ae f.	kleines Mädchen
parvulus	kleines Kind
parvus, -a, -um	klein
pater, patris m.	Vater
pati, patior, passus sum	ertragen
patiens, patientis m. /f.	Patient
patria, -ae f.	Heimat, Vaterland
paulatim	allmählich
paulisper	kurz, ein Weilchen
paulum Adv.	wenig
pausa, -ae f.	Pause
peccare, -o, -avi, -atum	Fehler machen
pecten, pectinis n.	Kamm
pectus, pectoris n.	Brust
pedem offendere	stolpern
pedibus radere	mit den Füßen scharren
pellicula, -ae f.	Film
pendēre, pendeo, pependi	abhängen
per	durch
pera dorsualis f.	Rückentornister
pera, -ae f.	Rucksack, Ranzen
percontatrum Martiale n.	Marssonde
percontatrum, -i n.	Sonde
perditus, -a, -um	verloren
perficere, perficio, perfeci, perfectum	erledigen, schaffen
pergere, pergo, perrexi	fortfahren
pergravia	
pergravis, -e	sehr wichtig
periculosus, -a, -um	gefährlich
periculum, -i n.	Gefahr
perire, pereo, perii, peritum	umkommen, zugrunde gehen
peritia, -ae f.	Erfahrung, Kenntnis
peritus, -a, -um	erfahren, kundig
permanēre, permaneo, permansi	aushalten, verbleiben
permissio, -onis f.	Erlaubnis
permittere, -mitto, -misi, permissum	erlauben
persapiens, persapientis	sehr weise
perscribere, -scribo, -scripsi,	aufzeichnen, aufschreiben
perscrutari, -srutor, perscuratus sum	durchsuchen

persuadēre, -suadeo, -suasi,	überzeugen, überreden
persuasum habēre	überzeugt sein
perterritus, -a, -um	entsetzt
pertinēre, pertineo, pertinui	betreffen
pertractare	durcharbeiten
pervenire, pervenio, perveni	erreichen, gelangen, ankommen
pervolvere, -volvo, -volvi, pervolutum	durchblättern
pes, pedis m.	Fuß
pessimus, -a, -um	sehr schlecht
petere, peto, petivi, petitum	fordern
phaenomenon, -i n.	Phaenomen
Phoebos	Phoebos (Mars-Mond)
photographare, -o, -avi, -atum	fotografieren
photographia, -ae f.	Bild, Fotografie
photomachina, -ae f.	Fotoapparat
pipiare, -o, -avi, -atum	pipsen
pisces tiliopenses m.	Tiliopa-Fische
piscis, -is m.	Fisch
placidus, -a, -um	sanft, freundlich
planeta, -ae m.	Planet
planities Martialis f.	Marsebene
planities, -iei f.	Ebene
planus, -a, -um	flach, eben
plaudere, plaudo, plausi, plausum	klatschen
plene Adv.	voll
plenus, -a, -um	voll
plerique	die meisten
plerumque Adv.	meistens
pluere, pluo, pluit	regnen
plus	mehr
pluvia, -ae f.	Regen
poena, - ae f.	Strafe
pollex, pollicis m.	Daumen
poma terrestria n. pl.	Kartoffeln
pompa, -ae f.	Prozession, Festzug
ponere, pono, posui, positum	setzen, stellen, legen
ponto, pontonis f.	Fähre, Shuttle
populatio, -onis f.	Bevölkerung
porrigere, porrigo, porrexi	ausstrecken
porro	weiter
porta segregationis f.	Isoliertür
porta, -ae f.	Tür
portare, -o, -avi, -atum	tragen, bringen
positio, positionis f.	Position
posse, possum, potui	können

possibilior	ziemlich wahrscheinlich
possibilis, -e	möglich
post	nach
postea	später
posteriores	hintere
potens, potentis	mächtig
potestas, -atis f.	Möglichkeit, Fähigkeit
potissime	am liebsten
potius	lieber, eher
praebēre, -praebeo, praebui, -buitum	bieten, anbieten
praecepta securitatis n.	Sicherheitsmaßnahmen
praeceptum, -i n.	Maßnahme, Anweisung
praecipitare, -o, -avi, -atum	abstürzen
praecipuus, -a, -um	besondere
praeconium, -ii n.	Plakat
praedicere, -dico, -dixi, -dictum	vorhersagen
praedictio, -onis f.	Vorhersage
praesidens, praesidentis m./f.	Präsident
praesidium, -i n.	Besatzung
praestare, -o, -avi, -atum	leiten
praeter	außer
praeterea	außerdem
praeterire	vorbeigehen, vorübergehen
praetor, -oris m.	Statthalter
premere, premo, pressi, pressum	drücken
pressio aeria f.	Luftdruck
pressio, -onis f.	Druck
prima quaeque	allererste
primo Adv.	zuerst, anfangs
primus, -a, -um	erste
prior, prioris	frühere, vorherige
priscus, -a, -um	altmodisch, altertümlich
pro dolore	leider
pro eo	stattdessen
probabilis, -e	vernünftig, gut
probare, probo, probavi, probatum	prüfen
probatio, -onis f.	Prüfung, Check
probe Adv.	vernünftig
problema, problemata n.	Problem
procedere, -cedo, -cessi, cessum	vorrücken
processus, -us m.	Prozess
proclamare	ausrufen, verkünden
prodere, prodo, prodidi, proditum	verraten
prodesse, prosum, profui	nützen
prodigium, -i n.	Vorzeichen

prodire, -prodeo, prodii, proditum	vorrücken
proelium, -i n.	Schlacht, Gefecht
profecto	sicherlich
proficisci, proficiscor, profectus sum	aufbrechen, abreisen
progressio, -onis f.	Fortschritt
prohibēre, -hobeo, -hibui, -hibitum	hindern, verhindern, abwehren
prohibitio, -onis f.	Verbot
promere, promo, prompsi, promptum	hervorholen
promovēre, -moveo, -movi, -motum	fortbewegen
pronuntiare, -nuntio, -nuntiavi,	verkünden
pronus, -a, -um	nach vorne, vorwärts
propatulum, -i n.	Vorhof
prope	in der Nähe
properare, -o, -avi, -atum	beeilen
propheta, -ae m	Prophet
propius, -a, -um	näher
proponere, -pono, -posui, -positum	vorschlagen
propositum, -i n.	Vorschlag
proprie Adv,	eigentlich
proprius, -a, -um	eigene
propter	wegen
prospectus, -us m.	Blickfeld
proxime	ganz in der Nähe
proximus, -a, -um	nächste
publicum, -i n.	Öffentlichkeit
publicus, -a, -um	öffentlich
puella, -ae f.	Mädchen
puer, -i m.	Junge
puerilis, -e	kindlich, kindisch
pugnax, pugnacis	kämpferisch
pugnus, -i m.	Faust
pulcher, pulchra, pulchrum	schön
pulcherrimum	sehr schön
pulpitum aviatoris n.	Pilotencockpit
pulpitum, -i n.	cockpit
puls, pultis f.	Brei
pulsare, -o, -avi, -atum	klopfen, stoßen
pulsus venti m.	Windböe
pulsus, -us m.	Schlag, Stoß
pulvis, pulveris m./f.	Staub, Sand
punire, punio, punivi, punitum	bestrafen
purus, -a, -um	sauber
putare, -o, -avi, -atum	glauben, meinen
pyxis, pyxidis f.	Dose
qua	

quaerere, quaero, quaesivi	suchen
Quaeso (v. quaesere)	bitte
quaestio temporis f.	eine Frage der Zeit
qualia generis	von welcher Art
quamdiu	wie lange
quando	wann
quantopere	wie sehr
quartus	vierte
quasi	wie wenn, als ob
quassare, -o, -avi, -atum	schütteln
quattuor	vier
queri	sich beklagen
qui, quae, quod	der, die, das
quidam, quadam, quoddam	ein gewisser,
quidem	und zwar, jedenfalls
quidlibet	was auch immer
quidnam	was denn
quidquid	was auch immer
quietus, -a, -um	ruhig, still
quinquaginta	fünfzig
quinque	fünf
quis, quid	wer, was
quisquam	irgendeiner, irgendjemand
quisque, quaeque, quodque	jeder, jede
quo longius	je länger
quomodo	wie
quoque	auch
quot	wie viele
quotiens	wie oft
radar, radaris n.	Radar
radioelectricus, -a, -um	radioelektrisch
radiophonum, -i n.	Funkgerät
radius, -i m.	Speiche
raro	selten
reactio, -onis f.	Reaktion
recens, recenstis	frisch
recentissimum	neueste
receptaculum spatiale n.	Spacecontainer
recipere, recipio, recepi, receptum	hinnehmen, annehmen
recitare, -o, -avi, -atum	vorlesen
recordari, recordor, recordatus sum	sich erinnern
rectus, -a, -um	richtig
redire, redeo, redii, reditum	zurückgehen, zurückkehren
reditio, -onis f.	Rückkehr
reditor, -oris m.	Rückkehrer

reditus, -us m.	Rückkehr
refellere, refello, refelli	widerlegen
refert	es ist wichtig, es bedeutet
regimen, regiminis n.	Regierung
regio quaerendi f.	Suchgebiet
regio, -onis f.	Region, Gebiet
regnare, -o, -avi, -atum	herrschen
relatio, -onis f.	Bericht
relinquere, relinquo, reliqui, relictum	verlassen, zurücklassen
remanere, remaneo, remansi	(zurück)bleiben
remigare, -o, -avi, -atum	rudern
remittere, -mitto, -misi, -missum	zurücksetzen
removere, -moveo, -movi, -motum	abbauen
renovare, -o, -avi, -atum	reparieren, warten
repente	plötzlich, ruckartig
repere, repo, repsi, reptum	schleichen
repetere, repeto, repetivi	wiederholen
repositorium datorum n.	Datenspeicher
reptile, -is n.	Reptil, Kriechtier
reptile Marsianum n.	Marscrawler
repudiare, -o, -avi, -atum	ablehnen
rerum minutarum diligens	pingelig, kleinlich
res hydraulicae f.	Hydraulik
res, rei f.	Sache, Ding
residuum, i n.	Rest
respicere, -spicio, -spexi, -spectum	zurückblicken, denken an
respondēre, -respondeo, respondi	antworten
retinēre, -tineo, -tinui, -tentum	anhalten, zurückhalten
retrahere, retraho, retraxi, retractum	zurückziehen
revera	tatsächlich, wirklich
ridēre, rideo, risi, risum	lachen
rigēre, rigeo	starren
rima, -ae f.	Furche, Ritze
risotto, -onis f.	Risotto
risus, us m.	Lächeln
roboter, -roboteris m.	Roboter
robotum, -i n.	Roboter
rogare, -o, -avi, -atum	fragen
Rogerus, -i m.	Roger
Ronaldinus, -i m.	Ronny
Ronaldus, -i m.	Ronald
rota, -ae f.	Rad
rotare, -o, -avi, -atum	drehen
ruber, rubra, rubrum	rot
sacrificium, -i n.	Opfer

saepe	oft
saepius	öfter
saevire, saevio, saevii, saevitum	toben
saevus, -a, -um	wild
saltare, -o, -avi, -atum	tanzen, springen
saltem Adv.	wenigstens
saltus, saltus m.	Sprung
satelles, satellitis m.	satellit
satis	genug
saxum, -i n.	Stein
scalae, -arum f.	Treppe
schola, -ae f.	Schule
sciendus, -da, -dum	wissenswert
scientia, -ae f.	Wissenschaft
scientiatus, -us m.	Wissenschaftler
scientifice	wissenschaftlich
scientificus, -a, -um	Wissenschaftlich
scilicet	eben, natürlich
scire, scio	wissen, kennen
screare, screo	sich räuspern
scribere, scribo, scripsi, scriptum	schreiben
se convertere, converto, converti	sich umdrehen
se deflere, defleo, deflevi	sich ausweinen
se emittere, emitto, emisi	sich fallenlassen
se inflare, inflo, inflavi	sich aufblasen
se praebēre, praebeo, praebui	sich herausstellen
se vertere, verto, verti	sich drehen, sich wenden
sectio, -onis f.	Gebiet, Abschnitt
secundum	entlang
secundus, -a, -um	zweite, zweitens
securitas, -atis f.	Sicherheit
sed	aber, dennoch
sedēre, sedeo, sedi, sessum	sitzen
segregatio, -onis f.	Trennung, Absonderung
seltsamerweise	miro modo
semel	einmal
semidesperate	halb verzweifelt
semisomniare, -o, -avi, -atum	dösen
semistomachose	halb verärgert
semita, -ae f.	Pfad, Weg
semper	immer
sempiternus, -a, -um	ewig
sensor	Sensor
sensor energiae m.	Energiesensor
sensus, -us m.	Gefühl

sententia, -ae f.	Meinung; Ansicht
sentire, sentio, sensi, sensum	meinen
separare, -o, -avi, -atum	trennen
sepelire, sepelio, sepelivi, sepultum	beerdigen, begraben
septentrionale-oriente	nord-östlich
septentrionalis, -e	nördlich
septies	siebenmal
septies milies	siebentausendmal
septimana, -ae f.	Woche
septuagies	siebzigmal
sepulcrum, -i n.	Begräbnis, Beerdigung
sequi, sequor, secutus sum	folgen
series televisifica f.	Fernsehserie
series, seriei f.	Serie
sermo, sermonis m.	Unterhaltung
servare, -o, -avi, -atum	retten, bergen
severus, -a, -um	ernst, ernsthaft
sex	sechs
si	wenn
sibi	sich
sibilare, -o, -avi, -atum	pfeifen
sic	so, auf diese Weise
signatura, -ae f.	Signatur, Kennzeichnung
signatura radiophonica , -ae f.	Radarsignatur
significare, -o, -avi, -atum	bedeuten
Signum, i n.	Zeichen
silentium, -i n.	Stille, Ruhe, Schweigen
silex, silicis m.	Kiesel, Stein
silicernium, -i n.	Leichenschmaus
similis, -e	ähnlich, gleichartig
simplicissimus, -a, -um	ganz einfach
simpliciter	einfach
simul	gleichzeitig
simulacrum, -i n.	Abbild, Trugbild
simulans	simulierend, darstellend
simulare, -o, -avi, -atum	darstellen
simulator, -oris m.	Darsteller, Vortäuscher
simulator volandi m.	Flugsimulator
sine	ohne
sine impeditione	ungehindert
sine molestia	unbehelligt
sinere, sino, sivi, situm	lassen, zulassen
singillatim	einzigartig
singultans	schluchzen
sinister, -tra, -trum	links

situm	gelegen, befindlich
solacium, -i n.	Trost
solaris, -e	Sonnen-
solidus, -a, -um	solide, massiv
solitus, -a, -um	üblich
sollicitare, -o, -avi, -atum	bewegen, erregen
solus, -a, -um	allein
solvere, solvo, solvi, solutum	lösen
sonare, -o, -avi, -atum	klingen
soror, -oris f.	Schwester
spatialis, -e	Weltraum-
spectare, -o, -avi, -atum	anschauen, betrachten
speculari, speculor, speculatus sum	ausspähen, kundschaften
speculatorius, -a, -um	zum kundschaften geeignet
sperare, spero, speravi, speratum	hoffen
spirare, -o, -avi, -atum	atmen
spiritus, -us m.	Atem
splendens	glänzend
sponsio, -onis f.	Pfand
sponsionem facere	eine Wette machen
stare, sto, steti, statum	stehen
statim	sofort
statio infirmorum f.	Krankenstation
statio mensionum f.	Meßstation
statio terminalis f.	Terminal (Computer)
statio, -onis f.	Station
statuere, statuo, statui, statutum	beschließen
stercus, stercoris n.	Mist, Scheiße
stomachose	wütend, verärgert
strepitare, -o, -avi, -atum	lärmen, toben
strepitus, -us m.	Lärm, Getöse, Geschrei
strictim	nebenbei
stridēre, strideo, stridi	quietschen
stridor, -oris m.	quietschen
stringere, stringo, strinxi, strictum	zücken
studēre, studeo, studui	sich bemühen, versuchen
studium, -i n.	Studium
stultus, -a, -um	dumm
stupefacere, -facio, -feci, -factum	erstaunen
stupidus, -a, -um	dumm
stylus spheratus m.	Kugelschreiber
stylus, -i m.	Stift
sua	ihre
sub	unter
subductio, -onis f.	Bergung

subito	plötzlich
submissim	leise
submissus, -a, -um	leise
subridēre, -rideo, -risi, subrisum	lächeln
subterraneus, -a, -um	unterirdisch
subtilis, -e	fein, dünn
subtussire, -tussio, -tussivi	hüsteln
subucula, -ae f.	Unterhemd
succēdere, succedo, successi	gelingen
suffocare, -o, -avi, -atum	ersticken
sui iuris	selbständig
sulcare, -o, -avi, -atum	durchpflügen
sumere, sumo, sumpsi sumptum	nehmen
summum, -i n.	Gipfel, Spitze, Höhe, Rand
super	über
superare, -o, -avi, -atum	überwinden, übertreffen
superbus, -a, -um	stolz
supercilium, -i n.	Augenbraue
superficies, -ei f.	Oberfläche
superior	obere
supervivere, -vivo, -vixi, -victum	überleben
surgere, surgo, surrexi, surrectum	aufstehen, sich erhebem
sursum	nach oben
suscipere, suscipio, suscepi	unternehmen, auf sich nehmen
suscitare, -o, -avi, -atum	auslösen, verursachen
suspicari, suspicor, suspicatus	vermuten
suspirare, -o, -avi, -atum	seufzen
sustentaculum, -i n.	Halt
sustentare, -o, -avi, -atum	aufrecht halten, stützen
sustinēre, sustineo, sustinui	ertragen, aushalten
susurrare, -o, -avi, -atum	flüstern
susurrus, -us m.	Geflüster, Gemurmel
suus, sua, suum	sein, ihr
tabularium, -i n.	Archiv
tabulatum subterraneum n.	Untergeschoß
tabulatum, -i n.	Stockwerk, Geschoß
tacēre, taceo, tacui, tacitum	schweigen
taedet me	es nervt mich
talis	seiner, derartiger
tam	so, so sehr
tamen	dennoch
tandem	endlich
tangere, tango, tetigi, tactum	berühren
tantum Adv.	bloß, nur
tantummodo	nur, allein

tardissime	spätestens
technicus astronauticus m.	Raumfahrttechniker
technicus, -a, -um	technisch
technicus, -i m.	Techniker
tecum	mit dir
tegere, tego, texi, tectum	bedecken, zudecken
tegimentum, -i n.	Decke
telescopium, -ii n.	Fernglas
televisificus, -a, -um	Fernseh-
televisorium publicum n.	öffentliches Fernsehen
telum radiatorium n.	Strahlenwaffe
temerarius, -a, -um	leichtsinnig
temperatio, -onis f.	Temperatur
tempestas, -atis f.	Sturm
tempore futuro	in nächster Zeit, Zukunft
tempore procedente	allmählich, mit der Zeit
temptare, -o, -avi, -atum	versuchen
tempus, temporis n.	Zeit
tenēre, teneo, tenui, tentum	halten
tenuis, tenue	dünn, fein
tenuitas, -atis f.	Dünne, Feinheit
tepidarium, -i n.	Gewächshaus
tergum, -i n.	Rücken
Terra, -ae f.	Erde
terrestris, -e	erdmäßg; Erd-
terribilis, -e	schrecklich
terror, terroris m.	Schrecken
testa, -ae f.	Tonscherbe
testis, -is m./f.	Zeuge
textus, -us m.	Geflecht
Tharsis	Tharsis Region
thesaurus, -i m.	Schatz
tholus speculatorius m.	Aussichtskuppel
tholus, -i m.	Kuppel
tiliopensis	Tiliopa-
timor	Angst, Furcht
titulus	Titel
tollere, tollo, sutuli, sublatum	hochheben
tormentum, -i n.	Qual
torquēre, torqueo, torsi, tortum	verdrehen
tot	so viele
totaliter	ganz, vollkommen
totus, tota, totum	ganz, alle
tragicus, -a, -um	tragisch
trahere, traho, traxi, tractum	ziehen, nachziehen

trans	jenseits
transitus, -us m.	Durchgang, Übergang
translatus, -a, -um	im übertragenen Sinne
transmissio, -onis f.	Übermittlung, Übertragung
tremere, tremo, tremui	zittern, beben
tres, tria	drei
triginta	dreißig
trimenium	drei Monate
tripartitus, -a, -um	dreiteilig
tristis, -e	traurig, enttäuscht
tristitia, -ae f.	Traurigkeit, Trauer
triumphus, -i m.	Triumph
trochlea, -ae f.	Winde
tum	dan, darauf, danach
tum demum	erst dann
tumque	und dann, und danach
tunc	damals
turris instrumentorum f.	Instrumententurm
turris, -is f.	Turm
tutus, -a, -um	sicher
tuus, tua, tuum	dein
ubi	wo
ubique	überalls

Weitere Titel aus dem Verlag MundusLatinus:

De Gallinis Ferocibus
(Die Wilden Hühner) von Cornelia Funke

De Aemilio et Investigatoribus
(Emil und die Detektive) von Erich Kästner

De Tribus Investigatoribus et Fato Draconis -
(Die 3 ??? und der Fluch des Drachen)

De Tribus Investigatoribus et Terrore in via Sheldon Street
(Die 3 ??? und der Schrecken der Sheldon Street)

Gladiatores
(Was Ist Was – Gladiatoren) von Dr. Marcus Junkelmann

Bellum –Imaginare, hic esset
(Krieg – Stell dir vor, er wäre hier) von Janne Teller

Miraculum Vitae
(Das Wunder des Lebens) von Armin Maiwald

Fabulae Latinae
(Lateinische Sachgeschichten) von Armin Maiwald

Latine loqui cum patre filioque
(Latein sprechen mit Vater und Sohn) von Ulrich Krauße